中小学生不得不读的

故·事·丛·书

让青少年懂得尊老爱幼的故事

每一个好故事，都会带你种下完美人生的种子；每一个好故事，都是我们领悟人生的一盏明灯；每一个好故事，都是我们人生的一块基石。它给我们智慧的启迪，让我们抓住希望，对今天更加珍惜，对明天充满自信！

ZHONGXIAOXUESHENG BUDEBUDU DE GUSHI CONGSHU

本书编写组◎编

世界图书出版公司
广州·上海·西安·北京

图书在版编目（CIP）数据

让青少年懂得尊老爱幼的故事 /《让青少年懂得尊老爱幼的故事》编写组编. —广州：广东世界图书出版公司，2010.3（2021.5 重印）

ISBN 978-7-5100-1510-6

Ⅰ. ①让… Ⅱ. ①让… Ⅲ. ①品德教育－中国－青少年读物 Ⅳ. ①D432.62

中国版本图书馆 CIP 数据核字（2010）第 033776 号

书　　名　让青少年懂得尊老爱幼的故事
　　　　　RANG QINGSHAONIAN DONGDE ZUNLAO AIYOU DE GUSHI
编　　者　《让青少年懂得尊老爱幼的故事》编写组
责任编辑　黄晓霞
装帧设计　三棵树设计工作组
责任技编　刘上锦　余坤泽
出版发行　世界图书出版有限公司　世界图书出版广东有限公司
地　　址　广州市海珠区新港西路大江冲 25 号
邮　　编　510300
电　　话　020-84451969　84453623
网　　址　http://www.gdst.com.cn
邮　　箱　wpc_gdst@163.com
经　　销　新华书店
印　　刷　北京兰星球彩色印刷有限公司
开　　本　787mm×1092mm　1/16
印　　张　13
字　　数　160 千字
版　　次　2010 年 3 月第 1 版　2021 年 5 月第 10 次印刷
国际书号　ISBN　978-7-5100-1510-6
定　　价　38.80 元

前 言

FOREWORD

“老吾老，以及人之老；幼吾幼，以及人之幼。天下可运于掌。”孟子的这段教导的意思是：“敬重自己的长辈，进而推广到敬重别人的长辈，抚爱自己的子女，进而推广到抚爱别人的儿女。如果以这样的准则治理国家，统一天下就如运转于掌心一样容易了。”尊老爱幼是中华民族的传统美德，是我国道德传统的精华。尊老爱幼是人类敬重自己的表现，每个人都有自己的儿童时代，每个人也都有老的一天。古往今来，一代代人由孩童到老人，不管在任何时期都有一点是共同的，那就是弘扬尊老爱幼的优良传统。

尊老就是孝敬父母，尊敬老人和长辈，是一个文明人的象征。我们的祖先早在原始社会就十分重视老人的生活，那时人们过着平等互助的氏族部落生活，采果、打猎等重体力劳动都是由身强体壮的青年人去干，在分配食物上却是偏向老人和长辈，团结互助成为原始人人人遵守的道德规范。我国奴隶社会也曾提出礼、孝、智、仁等道德规范，里面也渗透着尊老敬贤的思想。

俗话说得好：富不孝敬枉为富，穷能孝敬光祖宗，家有千金万两银，不如孝敬父母亲。古人云：“乌鸟私情，愿乞终养。”孝敬父母、尊敬老人是时代的需要，是社会的需要，更是青年人的义务。

古语有云：“十年树木，百年树人。”由此可知培养一个人谈何容易。长辈对晚辈的培养，应当从大处着眼，从小事做起。培养晚辈，是与之具有亲缘关系的长辈的义不容辞的职责。晚辈的健康成长，有赖于长辈的栽培；而晚辈的成才，又是长辈的殷切希望。对于晚辈，长辈应当注重双方的语言交流，通过彼此之间的交谈，及时交流思想，并且有意识地进行批评、指点或者帮助。这就是对晚辈言传的基本意义。倘若长辈为老不尊，口是心非，言行不一，当面跟晚辈说一套，背着晚辈又去做另外一套，那么即使可以骗对方一时，也终有被对方识破之日。到了那个时候，长辈不仅会失去晚辈的信任，而且还会对其产生恶劣的影响。与此相反，长辈若是言行一致，凡事身体力行，就会为晚辈树立良好榜样。身教重于言教，每一个作长辈的人，对于自己在晚辈面前的示范作用，绝对不应当忽略或者低估。

古人云：“挟泰山以超北海，此不能也，非不为也；为老人折枝，是不为也，非不能也。”每个人不管是处于什么时代，有一点都是共同的，那就是弘扬尊老爱幼的优良传统不能丢。大家要孝敬自己的父母，还应该尊敬别的老人，爱护年幼的孩子，在全社会行成尊老爱幼的淳厚民风，这是我们新时代青少年的责任。

总之，尊老爱幼是我国的传统美德，阅读尊老爱幼的故事，弘扬尊老爱幼的优良传统，每个人都应为新中国的精神文明建设贡献自己的一份力量。书中故事不仅为了启发大家，更希望引导大家从故事中学美德，身体力行，从现在做起，从自己做起，从身边的每一件小事做起，做一个尊老爱幼的模范。人人都能做到尊老爱幼，尊敬长辈，社会一定会变得更加和谐。

CONTENTS

目录

尊师好学

教子有方

尊老敬贤

孔子尊老子

老吾老，以及人之老；幼吾幼，以及人之幼。

——孟子

公元前521年春，孔子得知他的学生宫敬叔奉鲁国国君之命，要前往周朝京都洛阳去朝拜天子，觉得这是个向周朝守藏史老子请教“礼制”学识的好机会，于是征得鲁昭公的同意后，与宫敬叔同行。到达京都的第二天，孔子便徒步前往守藏史府去拜望老子。正在书写《道德经》的老子听说誉满天下的孔丘前来求教，赶忙放下手中的笔，整理衣冠出迎。孔子见大门里出来一位年逾古稀、精神矍铄的老人，料想便是老子，急趋向前，恭恭敬敬地向老子行了弟子礼。进入大厅后，孔子再拜后才坐下来。老子问孔子为何事而来，孔子离座回答：“我学识浅薄，对古代的‘礼制’一无所知，特地向老师请教。”老子见孔子这样诚恳，便详细地表达了自己的见解。

回到鲁国后，孔子的学生们请求他讲老子的学识。孔子说：“老子博古通今，通礼乐之源，明道德之归，确实是我的好老师。”同时还打比方赞扬老子，他说：“鸟儿，我知道它能飞；鱼儿，我知道它能游；野兽，我知道它能跑。善跑的野兽我可以结网来逮住它，会游的鱼儿我可以用丝条缚在鱼钩来钓到它，高飞的鸟儿我可以用良箭把它射下来。至于龙，我却不能够知道它是如何乘风云而上天的。老子，其犹龙邪！”

张良尊老拾鞋

挟泰山以超北海，此不能也，非不为也；为老人折枝，是不为也，非不能也。

——庄子

张良（？～前186），字子房，伟大的谋略家、政治家。传为汉初城父（《史记·索引》引《后汉纪》云：“张良出于城父”）（即今河南宝丰东）人。张良出身于贵族世家，祖父连任战国时韩国三朝的宰相。父亲张平，亦继任韩国二朝的宰相。至张良时代，韩国已逐渐衰落，亡失于秦。韩国的灭亡，使张良失去了继承父亲事业的机会，丧失了显赫荣耀的地位，故他心存亡国亡家之恨，并把这种仇恨集中于一点——反秦。

张良到东方拜见仓海君，共同制定谋杀行动计划。他弟死不葬，散尽家资，找到一个大力士，为他打制一只重达120斤的大铁锤（约合现在50斤），然后差人打探秦始皇东巡行踪。按照君臣车辇规定，天子六驾，即秦始皇所乘车辇由六匹马拉车，其他大臣四匹马拉车，刺杀目标是六驾马车。公元前218年，秦始皇东巡，张良很快得知，秦始皇的巡游车队即将到达阳武县（现在原阳县的东南部）；于是张良指挥大力士埋伏在到阳武县的必经之地——博浪沙。不多时，远远看到三十六辆车队由西边向博浪沙处行走过来，前面鸣锣开道，紧跟着是马队清场，黑色旌旗仪仗队走在最前面，车队两边，大小官员前呼后拥。见此情景，张良与大力士确定是秦始皇的车队到达。但所有车辇全为四驾，分不清哪一辆是秦始皇的座驾，只看到车队最中间的那辆车最豪华。于是张良指挥大力士向该车击去。120斤的大铁锤一下将乘车者击毙倒地。张良趁乱钻入芦苇丛中，逃离现场。

然而，被大力士击毙命者为副车，秦始皇因多次遇刺，早有预防准备，所有车辇全部四驾，时常换乘座驾，张良自然很难判断哪辆车中是秦始皇。秦始皇幸免于难，下令在全国大肆搜捕凶手，10 天不得，后来不了了之。博浪沙从此一举成名。

张良锤击秦王未遂，被悬榜通缉，不得不埋名隐姓，逃匿于下邳（今江苏睢宁北），静候风声。一天，张良闲步沂水圯桥头，遇一穿着粗布短袍的老翁，这个老翁走到张良的身边时，故意把鞋脱落桥下，然后傲慢地差使张良道："小孩子，快到桥下把我的鞋子取回来！"张良觉得很奇怪，一个毫不相识的老头，竟故意难为我，如此不客气地下命令，一时火气上来，不想去拾。但又一想：他是一位老人，可以谅解，对老人应该尊重。于是，便压住火气，跑到桥下把鞋子拾来递给老人。谁知老人并不用手接，竟把脚伸过来，命令道："快给我穿上！"张良想："既然已经替他取了鞋子，好事做到底，就给他穿上吧！"就跪下去给老人穿好鞋子。然而，老人只是对他笑了一笑，就走了。

张良心想："这个奇怪的老人，可能是一位很有学问的人。"于是，便紧紧地跟随着老人向前走去。

走了一段路，老人忽然转过身来，对张良说："我看你这个小孩子将来能有出息，我很乐意教教你。五天后一早，在这儿会面。"张良恭恭敬敬地连声说："是！是！"

5 天后，鸡鸣时分，张良急匆匆地赶到桥上。谁知老人故意提前来到桥上，此刻已等在桥头，见张良来到，忿忿地斥责道："与老人约，为何误时？5 日后再来！"说罢离去。到了第四天的后半夜，鸡刚叫头一遍，张良就到了，谁知老人又比他早到，生气地说："为什么又来迟了？"说完，转身就走，边走边吩咐道："五天后再来，早一点。"又到了第四天晚上，张良这次干脆不睡了。前半夜就赶到那里。等了一会儿，老人也来了，笑眯眯地说："这还差不多！"于是送给他一本书，说："读此书则可为王者师，10 年后天下大乱，你可用此书兴邦立国；13 年后再来见我。"说罢，扬长而去。

张良惊喜异常，天亮时分，捧书一看，乃《太公兵法》。从此，张良日夜研习兵书，俯仰天下大事，终于成为一个文韬武略、足智多谋的"智囊”。秦二世元年（公元前209年）七月，陈胜、吴广在大泽乡揭竿而起，举兵反秦。紧接着，各地反秦武装风起云涌。矢志抗秦的张良也聚集了100多人，扯起了反秦的大旗。后因自感身单势孤，难以立足，只好率众往投景驹（自立为楚王的农民军领袖），途中正好遇上刘邦率领义军在下邳一带发展势力。两人一见倾心，张良多次以《太公兵法》进说刘邦，刘邦多能领悟，并常常采纳张良的谋略。于是，张良果断地改变了投奔景驹的主意，决定跟从刘邦。作为士人，深通韬略固然重要，但施展谋略的前提则是要有善于纳谏的明主。这次不期而遇，张良“转舵”明主，反映了他在纷纭复杂的形势中清醒的头脑和独到的眼光。从此，张良深受刘邦的器重和信赖，他的聪明才智也有机会得以充分地发挥。

刘邦敬老得贤臣

汉高祖刘邦比西楚霸王项羽强，他得天下一因决策对头，二因用人得当。

——毛泽东

汉太祖高皇帝刘邦（前256—前195），字季（一说原名季），沛县丰邑中阳里（今江苏丰县）人，起兵于沛县（今江苏沛县）。汉族。其父刘煓（刘太公），字执嘉，生有四个儿子（刘伯，刘仲，刘邦，刘交），刘邦在兄弟四人中排行第三。秦朝时曾担任泗水亭长，在秦末农民战争中起义，登高一呼，天下英雄云集于麾下，称“沛公”。

公元前209年，秦末农民起义爆发，陈胜、吴广率领起义军攻占了陈（现在河南淮阳）以后，陈胜建立了“张楚”政权，和秦朝公开对立。这时，沛县的县令也想响应以继续掌握沛县的政权，萧何和曹参当时都是县令手下的主要官吏，他们劝县令将本县流亡在外的人召集回来，一来可以增加力量，二来也可以杜绝后患。县令觉得有理，便让刘邦的挚友樊哙把刘邦找回来，刘邦便带人往回赶。这边的县令却又后悔了，害怕刘邦回来不好控制，弄不好还会被刘邦所杀，等于是引狼入室。所以，他命令将城门关闭，还准备捉拿萧何和曹参。萧何和曹参闻讯赶忙逃到了城外，刘邦将信射进城中，鼓动城中的百姓起来杀掉出尔反尔的县令，大家一起保卫家乡。百姓对平时就不太体恤他们的县令很不满，杀了县令后开城门迎进刘邦，又推举他为沛公，领导大家起事。刘邦便顺从民意，设祭坛，自称赤帝的儿子，领导民众举起了反秦大旗。这一年，刘邦已经有48岁了。

秦末农民战争中还有一支强大的力量，这就是原来楚国贵族的后代项羽和叔父项梁，他们在吴中（现在江苏的吴市）起兵，兵力很快达到了近万人。在项梁死后，项羽决定和刘邦一起西进关中。楚怀王与他们约定，先进入咸阳者为关中王。

刘邦率领大军直捣秦国国都的门户——函谷关。他途经高阳（今河南杞县西边），要消灭驻扎在那里的秦军。

高阳有位很有韬略的名叫郦食其的老人，酒量大得惊人。他看到刘邦是个能成就大业的人物，就让在刘邦帐下当骑兵的一个乡亲引见，想见刘邦，愿为他效劳。刘邦答应了。

郦食其来到刘邦居住的驿舍，进到屋里，看见刘邦正坐在床边，让两个女子给他洗脚。这不是见贤者之礼，郦食其故意慢腾腾地走到刘邦面前，作揖而不拜。刘邦见来人是个60多岁的儒生，坐在床边纹丝不动。

郦食其看到刘邦这样傲慢无礼，很生气，高声问道："足下带兵到此，不知是帮助秦国攻打起事的诸侯呢？还是帮助各诸侯讨伐暴秦？"

刘邦听他说话这样随便，明知故问，也不下拜，举止故作斯文，于是大动肝火，吼道："你真是一个不识时务的书呆子！天下人谁没有尝过暴秦的苦头？天下的豪杰都讨伐秦，我怎么会去助秦？"

郦食其不紧不慢地说："足下如果真心讨伐暴秦，为什么见到年长的人这样无礼？你对待贤人这样傲慢，谁还为你献计献策呢？没有贤才相帮，仅凭个人的力量，是推不倒暴秦的。"

刘邦听了这番话，知道自己失礼了，急忙擦脚穿鞋，整好衣冠，向郦食其道歉，请他坐在上座，并恭恭敬敬地说："先生有何良策，请多多指教。"

郦食其见刘邦改变了态度，又虚心求教，便对他说："足下的兵马还不到一万人，就打算长驱攻入秦国的国都，这好比是驱赶着羊群扑向老虎，只能白白送命。依我看不如先去攻打陈留。陈留是个战略要地，城中积存的粮食很多，作为军粮足够用，而且陈留交通四通八达。"

郦食其向刘邦献出了这条妙计，刘邦非常高兴，请郦食其先行到陈留，然后选派一员大将领一部分精兵赶到。郦食其来到陈留，见到县令，劝他投降，县令不肯。郦食其就在酒宴上灌醉了县令，然后偷出县衙令箭，假传县令的命令，骗开城门，把刘邦的军队放进去，砍死了县令。

第二天，刘邦的大队人马进入陈留。由于郦食其事先早已为刘邦写好了安民告示，刘邦一进城，就受到百姓的欢迎。刘邦看到陈留果然贮有大量的粮食，十分佩服郦食其的神机妙算，于是，封他为广野君。

刘邦在陈留招兵买马，军队扩大了将近一倍，抢在项羽之前攻入了关中。最后统一了天下，建立了汉朝。

韩信尊老

> 父兮生我，母兮鞠我，抚我，畜我，长我，育我，顾我，复我。
>
> ——《诗经》

韩信是汉高祖手下的一名大将。他出身于江苏淮阴一个穷苦的家庭，5岁时死了父亲，靠母亲给人洗衣缝补度日。17岁时，母亲因病去世，韩信无家可归，便到熟人家混碗饭吃，日子一长，人家就给他白眼看，他只得到处流浪。他没有手艺，又没有本钱做买卖，怎么办？后来他想出一个办法——到河边去钓鱼，以卖鱼谋生。

头几天，他还能每天钓上几条鱼，卖几个钱填饱肚子。后来河里鱼越来越少，他钓不到鱼，只好饿肚子。

一天，他从清早到晌午一条鱼都没钓上，肚子叽哩咕噜直叫。在河边洗衣的一位大娘见他一副愁眉苦脸的模样，便拿出一块饭团分给他吃。一连十几天，大娘总是分给他一点饭团，韩信感到十分不好意思，对她说："我天天吃您的饭，您真是我的重生母亲，将来我一定要好好报答您老人家！"

大娘笑了笑对韩信说："我是看你可怜，才帮助你，谁要你来报答什么呢？"

韩信听了，簌簌地流下了眼泪，向大娘磕了头，就离去了。

从此，韩信再也不钓鱼了，他到铁铺去打工，后来到刘邦军营里去当兵。在军营里，他白天习武练操，晚上苦读兵书。一次，他结识刘邦手下的谋臣萧何，两人谈论争天下之道和用兵之法，深得萧何器重。萧何向刘邦推荐他为大将。此后，他为汉王刘邦屡立战功，把项羽围困于垓下。刘邦打败项羽后封韩信为楚王。

韩信想到自己有今日的荣华富贵全靠过去那位大娘的哺饭之恩，就回到江苏老家去寻找那位大娘。

大娘已是满头白发，两眼昏花。韩信见了连忙双膝跪下："大娘，您还认得钓鱼的韩信吗？"

大娘先是一惊，后来才想起来，说道："你就是韩信啊！"

"大娘，您是一位好心肠的老人，是我重生之母，我说过要报答您。"说完，韩信叫手下取出一千两黄金，他恭恭敬敬地送给了老大娘。

王羲之和水饺师傅

右军本清真，潇洒出风尘。山阴过羽客，爱此好鹅宾。

——李白

王羲之（303—361），东晋书法家，字逸少，号澹斋，祖籍琅琊临沂（今属山东），后迁会稽（今浙江绍兴），晚年隐居剡县金庭，历任秘书郎、宁远将军、江州刺史。后为会稽内史，领右将军，人称"王右军"、"王会稽"。其子王献之书法亦佳，世人合称为"二王"。此后历代王氏家族书法人才辈出。东晋升平五年（361 年）卒，葬于金庭瀑布山（又称紫藤山），其五世孙衡舍宅为金庭观，遗址犹存。

王献之自幼跟父亲王羲之学书法，有一次，王献之的同学举行一场书法观摩会，请王羲之到会评判。会后，一位少年问王羲之："先生年轻时曾拜何人为师？"

"我最初有两位老师，第一位是我的母亲，叫卫夫人，你们都知道。第二位老师是做饺子的女师傅。"王羲之说着向众人讲了一段故事。

王羲之17岁时在母亲卫夫人的指点下书艺大有长进，笔锋初露，震惊了方圆百里，许多人赶来请他题字、写对联。王羲之少年得志，有些飘飘然起来。

一天，他经过一家饺子铺，看见门楣上写着"鸭儿饺子铺"，门的两边写着："经此过不去，知味且常来。"王羲之看到这10个大字写得毫无骨力，结构又差劲。心想：是谁写出这种字来献丑？正想转过身去，腹中感到饥饿，又见铺内食客满座，就走了进去。

王羲之见矮墙边有一口大锅，锅内沸水翻滚。只见一只只饺子从墙上飞来，不偏不倚只只都落入锅的中央，十分准确。他看得惊呆了。

王羲之坐下招呼伙计，不久伙计端上一大盘水饺，只见个个水饺玲珑精巧，活像浮在水面的游鸭。再尝尝饺子，鲜美可口，不一会儿他便把一盘水饺吃下肚去。

付账后，王羲之问店主在哪里，伙计指了指矮墙那边。他看见一位白发老太太坐在一块大面板前独自擀饺子皮，包饺子馅，动作利索娴熟，不一会儿一批饺子包好。只见她一边与伙计讲话，一边随手把一只只饺子抛出墙外，连看都不看一眼。

王羲之惊叹不已，欠身问道："敢问老妈妈，你学了几年才练成了这手功夫？"

"熟则50年，深练要一生。"白发老太回答说。

王羲之听了，心想，自己学写字不过十几年就自满起来，不觉脸上一阵发热。"吃了贵店的饺子果然名不虚传，但门口的对联为什么不请人写得好一点？"那老太一听生气地说："你这位相公有所不知，我何尝不想请名人写副对子，只是像王羲之那种人架子太大，学了不到我这功夫的一半时间就眼睛抬上脑门，哪里会瞧得起我这店铺？我看他的那点功夫还比不上我这扔饺子功夫的一半深呢！”说完只顾做饺子，连看也不看王羲之一眼。

王羲之听了这番话，面红耳赤。

第二天，他亲自把给饺子铺写好的一副对联送到白发老太太手中。白发老太太受了这副对子，见来人便是王羲之，不好意思地说：“昨天不知王相公到来，言语失敬了，还请王相公原谅！”

王羲之回答说：“师傅给学生讲的一番话，真是胜读十年书啊！您老就是我的师父，请受学生一拜。”

此后，王羲之格外虚心刻苦练习，把水饺老太太讲的话当做座右铭，终于成为一代“书圣”。

魏征戏弄“假孝廉”

> 老来受尊敬，是人类精神最美好的一种特权。
>
> ——司汤达

魏征（580—643），字玄成，馆陶（今河北）人，唐初的政治家。少时孤贫，落拓为道。唐太宗时提升为谏议大夫。一生陈谏200余事。

他小时候爱好读书，曾有过“神童秀才”的美名。那时候，魏征家乡有个姓赵的财主，横行乡里，无恶不做。乡亲们都恨透了他。这年，他花银两向官府买了个“孝廉”美名，人们戏弄地称“假孝廉”。

这年春节，“假孝廉”对“神童秀才”魏征说：“我想借你的手，给我写副春联可以吗？”魏征答应下来，想了想说：“爆竹一声普天同庆人增寿，梅花数点大地皆春福满门。行不行？”假孝廉听了，说：“人人增寿哪能行！只有我家爹、娘才配增寿。”魏征听了，十分气愤，心想：谁不知你是假孝顺，既不孝顺爹，也不孝顺娘，觉得爹放过羊，娘当过支使丫头，不光彩。你想图虚名吗？好！便眉头一皱，计上心来。“那就把‘人增寿’——改成‘娘增寿’，贴在你门上自然是你娘了。写对子讲‘天对地，雨对风，大陆对长空’，

'娘'自然对'爹'了。别处一点不动，你看如何？"假孝廉"点头称是。魏征说："那就一言为定!""假孝廉"说："一言为定。"

大年初一，乡亲们到各家去拜年。走过"假孝廉"大门口发现贴着这样一副对联：

"爆竹一声普天同庆娘增寿，梅花数点大地皆春爹满门。"

凡是认字的乡民看了，都捧腹大笑。而"假孝廉"呢，还在屋里得意着呢。当人们知道这副对联，是出自"神童秀才"魏征之手时，都说："假孝廉，碰上真秀才，假撞真，哪有不栽的!"

唐太宗教子尊老

以后你每次见到王圭，如同见到我一样。

——李世民

唐太宗李世民（599—649），是唐朝第二位皇帝，他名字的意思是"济世安民"。陇西成纪（今甘肃省静宁县）人，祖籍赵郡隆庆（今邢台市隆尧县），政治家、军事家、书法家、诗人。平窦建德、王世充之后，始大量接触文学与书法，有墨宝传世。即位为帝后，积极听取群臣的意见，努力学习文治天下，成为中国史上最出名的政治家与明君之一。唐太宗开创了历史上的"贞观之治"，经过消灭各地割据势力，虚心纳谏、在国内厉行节约、使百姓休养生息，终于使得国家出现了国泰民安的局面。为后来全盛的开元盛世奠定了重要的基础，将中国传统农业社会推向鼎盛时期。

唐太宗李世民是我国历史上一个少有的明君，他懂得国家要兴望发达，长治久安，做好子女教育非常重要，认为教诫太子诸王是"当今之急"。因此，他给几个儿子选择的老师都是德高望重、学问渊博的人，而且一再告诫子女一定要尊重老师。

一次，太子的老师李纲因患脚疾，不能行走，怎么办呢？

在封建社会里面，后宫森严，除了皇帝和他的后妃、子女可以坐轿外，其它官员不要说坐轿，就是出入也是诚惶诚恐的。唐太宗知道后竟特许李纲坐轿进宫讲学，并诏令皇太子亲自迎老师。

后来，唐太宗又叫礼部尚书王圭当他第四个儿子魏王的老师。有一天，他听到有人反映魏王对老师不尊敬。唐太宗十分生气，他当着王圭面批评儿子，说："以后你每次见到王圭，如同见到我一样，应当尊敬，不得有半点放松。"从此，魏王见到老师王圭，总是好好恭迎，听课也认真了。

由于唐太宗家教很严，他的几个儿子对老师都很尊敬，从不失礼。唐太宗教子尊师也被后人传为佳话。

白居易尊老的故事

> 使老者事长，少者敬老。
>
> ——白居易

白居易（772—846），字乐天，晚年又号香山居士，汉族，河南新郑人，是中国文学史上负有盛名且影响深远的唐代诗人和文学家，有"诗魔"和"诗王"之称。白居易自幼聪颖，读书十分刻苦，读得口都生出了疮，手都磨破了茧，年纪轻轻的，头发全白了。

白居易一生热爱祖国，关心百姓，特别关爱老年人。

白居易曾任江州（今江西九江市）司马，忠州（今四川忠县）、杭州、苏州等地的刺史。他每到一个地方，总是让手下的官员先找来本地一些德高望重的老人，倾听意见，以便制定地方的施政方略。公务之余，白居易常常简装便服，到百姓中听取他们的街谈巷议。听到一些老人遭受子女虐待的事，白居易特别生气，立即派人将这些不孝子女传讯上来，以情理责之，直到他们承认错误并答应一定要孝敬老人时，才放他们离去。

遇到一些贫困的老人前来求援，白居易热心接待，尽力周济他们。他任忠州刺史时，有一年冬天，一位因兵乱而流落到四川的老人前来找他。白居易见这位老人衣不遮体、饥寒交迫，当即送给老人御寒衣和回家乡的路费。老人捧着这些礼物，眼泪纵横，千恩万谢。望着老人远去的背影，白居易心酸地吟道："八十泰翁老不归，南宾太守乞寒衣。再三怜得非他意，天宝遗民见更稀。"

忠州城内有一位以卖麻饼为生的老妪，因制作技术差，生意清淡，入不敷出，生活十分拮据。有一次，白居易路过老妪的店前，在与老妪攀谈中得知情况，非常同情。回去后，白居易花费了好几天的时间，创造了一种发酵麻饼的制作工艺，传授给老妪，使她家很快摆脱了贫困。后来，这种麻饼盛名远扬，当地人因白居易晚年号"香山居士"，便给这种麻饼取名为"香山蜜饼"。

由于白居易的德政深得人心，因此在他离任时，地方百姓都扶老携幼为他送行，许多得到白居易恩惠的老人更是痛哭流涕，依依不舍。白居易在离开苏州时，一些老人竟随舟送出十里之外。

白居易一生写下了几千首诗歌，其中有相当一部分是以老人为题材的。如《江南遇天宝乐叟》是写宫廷老乐工的，《杜陵叟》是写老农夫的，《上阳白发人》是写老宫女的。这些诗歌都脍炙人口，流传至今。在这些充满血泪的诗歌中，饱含了白居易对穷苦、善良的老人们深切的同情和关怀。

白居易还曾专门就养老问题给唐朝皇帝上过一道奏疏。在奏疏中白居易提出：养老之道，不仅仅只是发给老人们一些衣帛和食物，更重要的是要使老人们生活在一个安定的社会，有个安居乐寿的生活环境。"牧以仁贤，慎其刑罚"，使老人们得以长寿；"不夺其力，不扰其时"，使老人们过上富足的生活；"使老者事长，少者敬老"。这些见解，有其独到之处。

状元汪应辰尊老

处之裕如也，益以修身讲学为事。

——汪应辰

宋朝状元汪应辰是信州玉川人。他小时候就和一般儿童不一样，好沉思，老成持重。不满5岁，就会背很多古诗，语出惊人。18岁考中了进士。他的试卷特别突出。主考官宋高宗出的题目："吏道，民力，兵势何者为本。"汪应辰没有就事论事，指出三者都不是根本，"治之要以至诚为本"。高宗看后，非常满意，一定要殿试。结果一看是个少年，觉得非常惊奇，特开一例，让他到大殿上来。侍从让他到了殿上，高宗非常满意，让他中了状元，在朝中任职。

可是他总觉得自己知识有限，应百尺竿头再进一步。他小时候，就听说京城有个张九成，是个大学问家。久不得见，深为遗憾。如今和他同在一个朝廷任职，就主动到张九成府上，拜张九成为师。张九成很谦虚地说："自己老了，没有资格担任当朝'状元郎'的老师。"可是汪应辰不依，接连下拜，由于他对自己学业精益求精，二人成了忘年交，互相研究学问。以后又听说当朝宰相赵鼎有学问，又做了赵鼎的幕僚，虚心向他请教。二人也成了很要好的朋友。

由于汪应辰虚心求教，他的学问非常长进，成为宋代名流。

朱元璋向老秀才赔礼

朕特地向您赔礼。

——朱元璋

明太祖朱元璋（1328—1398），字国瑞，原名朱重八，后取名朱兴宗，后改现名朱元璋。濠州钟离（今安徽省凤阳县）人。

明太祖朱元璋的太子自幼娇纵放任，7岁时朱元璋给他请的3位老师都先后告辞，不愿给太子授课。为此，朱元璋心中十分烦恼。一天，丞相刘伯温向他推荐一位老秀才，说："此人年已70，但学识渊博，且为人刚直无私，可任太子的老师。"朱元璋说："只要能严教太子，年纪大些更好。"第二日，朱元璋便请老秀才进东宫，对太子说："你一言一行都要好好听从这位老师的指导，不得无礼！"说罢，唤过太子向老秀才行礼。

一日，老秀才要太子背诵一段《论语》，自己则闭目养神。太子背了两句就取出书来偷看。突然，老秀才耸起身来抓住太子的耳朵要他跪下。太子哪里肯听，反而挥起小拳头打老师。老秀才大声喝道："大胆！"说完把太子双手反扭过来，一定要他跪下，太子硬是不肯跪。

朱元璋刚好经过东宫，见了这一情景便走到老秀才面前求情："看在朕的面上，饶他一次吧！"

老秀才沉着脸说："子不教，父之过；教不严，师之惰。陛下应该知道这个道理。"

朱元璋见老秀才不仅不领情，反而当着太子的面来教训自己，不禁勃然大怒，喊道："来人！把这老家伙关起来！"

事情传到马皇后那里，她觉得皇上为太子护短，居然惩罚起老师来，太不讲道理，决定去劝皇上认错。

傍晚，马皇后在与皇帝用膳时，先向朱元璋劝了几杯酒，然后说道：

“皇上过去在淮西时曾说过，世上有两种人最无私心，皇上还记得吗？”

朱元璋一时记不起来，笑着说：“朕记不得了，还请娘娘讲吧！”

马皇后说：“一个是医生，一个是老师。皇上曾说，哪个医生不愿为病人治好病，哪个老师不愿把学生教成才，是吗？”

朱元璋听出娘娘话中有话，便说：“如果老师太蛮横无理，就不是好老师了。”

马皇后说：“这位老秀才脾气是有些怪，但他对太子教得严完全是为了他好呀！玉不琢，不成器，如果太子长大了无知无识，大明的天下不就完了吗？”

朱元璋听了心里懊悔起来，表示要向老秀才赔礼道歉。

第二天，朱元璋和马皇后先把太子叫来，当面教训一番，然后三人来见老秀才。老秀才见了他们，背着身子，故意不理睬。

朱元璋说：“您老人家不必再生气了，朕特地向您赔礼来了！”

老秀才这时才向皇帝跪下施礼，说道“老臣不敢，谢圣恩！”

朱元璋先请老秀才坐下，再命太子向老师跪下叩首认错。老秀才扶起太子后，走到书桌前写了“明王明不明贤后贤不贤”10个大字。

马皇后见了递给皇上。朱元璋一看顿时睁着两眼愣住了。

马皇后笑着说：“请老师吟给皇上听吧！”

老秀才吟道：“明王明不？明。贤后贤不？贤。”

朱元璋一听哈哈大笑。

徐光启尊重利玛窦

> 文宜得气之先，造理之极，方足炳辉千古。
>
> ——徐光启

徐光启是明朝末年著名的科学家，一生在学术上勤勤恳恳，孜孜以求，尤其在天文、数学和农学上，更是成果卓著。

公元1596年夏天，徐光启任广西浔州知府赵凤宇的家庭教师，随赵家一起来到浔州。在那里，他结识了意大利神父郭静居，他第一次看到了一张《万国全图》，神父指着地图给他看中国在哪里，欧罗巴（欧洲）在哪里，意大利在哪里。徐光启看后十分惊异，有生以来第一次知道，除了中国之外还有那么广阔的地域。这使他非常倾慕，当他知道这图是耶稣教会会长利玛窦所绘时，便暗暗下了决心，一定要找到利玛窦，拜他为师，跟他学习。

在郭静居的帮助下，徐光启几经周折，终于见到了利玛窦。两人一见如故，从天文、地理谈到数学，非常投机。利玛窦用欧几里德的《原本》举例，对比中西方教学特点的一番谈论，使徐光启一下子便迷上了《原本》。

“先生，可以把你的《原本》一书借给我看看吗？”徐光启恳请道。

利玛窦笑了，他摊开两手说：“可惜还没有翻译成中文，先生读不懂。”

一种对科学强烈追求的欲望，使徐光启下了一个更大的决心，一定要将《原本》译成中文。

为了学习西方科学，为拜利玛窦为师，公元1603年，他全家加入了天主教。第二年他又考中了进士。在他的再三请求下，利玛窦终于开始向他讲授《原本》和绘制地图的方法。老师规定每两天向他讲授一次。无论是大雪纷飞，还是黄沙弥漫，徐光启总是按时到达，恭恭敬敬地听利玛窦的讲述。

经过一段时间的学习，徐光启终于弄通了欧几里德《原本》。他发现该书着重阐述数学的基础理论，有严密地逻辑推理，确实能弥补中国古代数学的不足，就建议利玛窦说：“这段时间先生不辞辛苦，精心讲授，晚生已基本掌握了《原本》的要旨。请先生继续赐教，与晚生一起把该书译成中文，名字可否定为《几何原本》？”在徐光启鼓动下，利玛窦终于答应试一试。《几何原本》的翻译工作终于开始了。

整个冬天他俩都是在灯烛下度过的。白天徐光启要去办公，只是晚上才能与老师一起译书，一开始就遇到了很多困难，书中专用名词在汉语中没有，只能由两人琢磨决定，都是经过多次推敲，反复修改，才定下来的。常常为了一个名词，他们想了几个晚上，改了十几次，还不满意，有时一个章节译完了，但因文字艰涩就推翻了再译，直到文字准确，通俗易懂为止。

时光荏苒，他俩从大雪纷飞季节译到了桃李花开时，译完了前三卷。他们没有时间去游春赏花，继续奋战，终于在五月前译完了前六卷。

初稿译完后，徐光启又反复修订了两遍，直到6月末，终于定稿刻印了。

公元1607年，《几何原本》终于印出来了。这本书装帧十分精致，第一页上工工整整地印着《几何原本》四个大字，利玛窦口译，徐光启笔录。看着他们心血的结晶，两人都流下了激动的泪水。

康乾盛世的“千叟宴”

抽秘无须更骋妍，惟将实事纪耆筵。追思侍陛髫垂日，讶至当轩手赐年。

——乾隆帝

清康熙、雍正、乾隆三朝，史称“康乾盛世”。康熙、乾隆两帝凭借国家雄厚的财力、安定的社会环境，先后几次举行规模宏大的“千叟宴”，为“康乾盛世”添写了一段佳话。

康熙五十一年（1712年），康熙帝即位已过半个世纪，天下大治，经济繁荣，社会安定。正如康熙帝所说，此时外面已无军事征战的粮饷开支，内部也无大兴土木的费用。于是，他在这一年做出了一项重大决定：以康熙五十年全国人丁总数为常额，其后出生的人丁不再征收丁赋（即丁税，或称人头税）。历朝历代，皆收丁税，已实行了2000多年，到这时由康熙帝宣布永远废除，此即“盛世滋生人丁，永不加赋”之意。同年十月，康熙帝又宣布：自康熙五十年为始，三年内，全国地丁钱粮全免一次。据统计，这三年内减免全国农业人丁应新征的和旧欠的税银共3206万余两。这个数额，约相当于康熙中后期半年的国家税收。此举实属前朝未有之事。

两项历史性的决策，是当时“海宇升平，国用充足”的表现，也使广大农民及其他劳动者从中获得了实惠。康熙帝要求各总督、巡抚“务须实心奉行，体朕轸念民生至意”。

康熙五十二年（1713年）三月十八日，适逢康熙帝六十寿辰。各省众多百姓及退休的官员，以老年人居多，纷纷从千里之外赶来京师，请求为其祝寿，“借此表达对朝廷尤其是对康熙帝的感激之情”。康熙帝为臣民的热忱深深感动，决定在生日这一天接见他们，并择日举行盛大宴会，颁赏礼物，以答谢臣民对他的拥戴。这就是“千叟宴”的由来。

按照康熙帝的旨意，此次宴会分批举行。三月二十五日，在畅春园正门前，正式举行盛大的“千叟宴”。首先邀请各省汉大臣、中下层官员与百姓。其中年龄在90岁以上的老人有33人，80岁以上的有538人，70岁以上的有1823人，65岁以上的有1846人，总共4240人。参加者皆属老人，人数在千人以上，故称“千叟宴”。

康熙帝传谕：宴会上，让他的子孙与皇室的人亲自执酒器，给老人们斟酒，而老人们都不必拘礼，无须起立，以此来表示他对老人的优待和敬老的殷切心意。席间，康熙帝命其子孙扶着80岁以上的老人到他的御座前，他要亲自看着他们一一饮酒。宴后，康熙帝又逐一赐给他们银两。

二十八日，康熙帝又专门宴请八旗满洲、蒙古、汉军、大臣官员、兵丁及闲散人中的老人，其中90岁以上的有7人，80岁以上292人，70岁以上有1394人，65岁以上的有1012人，共2705人。同前一次宴会一样，康熙帝命其皇子们代表他颁赐食品，命宗室子孙们执酒壶给老人们斟酒，并请80岁以上的老人至其御座前饮酒。

当日，康熙帝还在畅春园宫门前，专赐宴70岁以上的老妇人及大臣妻数百人。与前两次稍有不同，因为是宴请老年妇女，皇太后特意参加，与康熙帝一道向她们颁赐茶果酒食。

三批宴请老人超过了7000人。康熙帝为表达他“养老尊贤”的心意，又对全国老人颁赏：各省70岁以上至百岁以外的老人，各赏给布、绢等若干，折合成白银，总计89万两；每人又赏给粮食，总共为16.5万石。这些赏赐，皆为专给年老的汉民夫妇。八旗满洲、蒙古、汉军年老夫妇，以及各级官员年老者，另给赏赐，不在上列数字的统计之内。

康熙帝做事，一向从简，不事铺张。诸如各种节庆，包括每年寿庆，都是搞一个简单的仪式而已，如上尊号，一概拒绝。惟此次破例，大办“千叟宴”，赏全国各省老人，是康熙帝有感于广大百姓对他的爱戴之情，以此种方式予以答谢。花费不少，却用到了老百姓身上。

乾隆朝承康熙、雍正之后，到其中期，清朝已进入鼎盛，清人称之为“全盛”“极盛”。此时，政局稳固，经济空前繁荣，社会安定，满汉和谐，边疆安宁。土地耕种面积不断扩大，国库资金常年储备保持在7000余万两，最高达到8000万两，被称为“国朝府藏之极盛”（《圣武记》），这也是清朝国库资金存储的最高记录。乾隆帝说：“天下之财，只有此数，不聚于上即散于下。”他的意思是说，国家资金有限，不存储在国库里，就散给百姓。他又说：“国家资财，莫先于足民”（《清高宗实录》），意思是国家的资财，应首先满足百姓的需要。乾隆帝效仿康熙帝的做法，从乾隆十一年到五十五年（1746—1790），相继4次减免全国钱粮赋税，总数达到一亿二千余万两。广大农民及其他劳动者都分享到盛世的成果，故后人记载称：“万民欢悦，颂声如雷；吴中谣，有‘乾隆室，增寿考；乾隆钱，万之年’之语。”（《啸亭杂录》）

乾隆帝又增开“宗室宴”“民族宴”，显示其鼎盛时期的繁荣景象。乾隆帝于乾隆四十七年（1782年）在丰泽园举行盛大的“宗室宴”，人数达3000余人，也是以老人居多，意在叙亲情之谊。此情此景，亦“极一时之盛”（《啸亭续录》）。乾隆帝在平定新疆战乱后，蒙古、维吾尔、回族等上层王公前来朝贡。乾隆帝即于避暑山庄之万树园中，设能容千余人的大黄幄殿，举行盛大的“民族宴”，款待来朝贡的各族王公，亲自赐酒，以示无内外之别。

乾隆五十年（1785年）正月初六，乾清宫又正式举行盛宴。规定凡内外文武官员60岁以上者，皆在其列。进而又扩大到边地土司、蒙古、回部五公，以及生活在底层、年在70岁以上的耆老士民、八旗兵丁以及匠役人等，总计3900余人。乾隆帝也仿效其祖父康熙帝，命皇子皇孙等分别向老人执爵献酒，召年过90岁的老人至御座前一起饮酒。

11年后，即嘉庆元年（1796年）正月，乾隆帝再次举行"千叟宴"。此次与宴人员达5900人，盛况空前，皇极殿充满了欢乐的气氛。宴会结束时，乾隆向与宴的臣民们颁发如意、寿杖、缯绮、貂皮、银牌等物。其中，银牌自15两至30两不等，依据年龄而分出等次，加上其他赏赐，此次动用白银达百余万两。

康熙与乾隆两帝先后三次举行"千叟宴"，以最后一次规模最大。史家对此举动的评价是：康乾两帝"三举盛典"，使平民百姓，尤其是老人们"欢饮殿庭"，实属前所未有之事。康乾盛世，尊敬老人而举行的"千叟宴"不仅被后人传为佳话，而且"千叟宴"的尊老方式一直沿袭至今。

雍正帝扣银罚轻师

从学使正俸以外的补贴中扣500两银，给其师，以顺言正名。

——雍正帝

雍正帝即清世宗，名爱新觉罗·胤禛（1678—1735），雍正是他的年号。

雍正年间，有一个驻京学使，他喜欢在同僚中吹嘘自己为人正直、为官清廉。

有一天，一位早年的先生来求见他。他看了看老师那衣衫褴褛的样子，就猜透了八九分。于是说道："恩师光临寒舍，学生三生有幸：有失远迎，万望恕罪。不知身体可佳？精神可好？专程前往，又有何见教？"寒暄了一阵，才让座。先生看了看满屋生辉的装饰和学生那不冷不热的样子，哪里还坐！便开门见山地说："身体精神均佳，只是生活拮据……"

学使不等先生说完就说："多年来，弟子牢记先生'为官清廉'之教诲，不敢苟私。然清廉就要清贫哪！故手无银两，家无余资……"不等学使说完，先生道："为师不难为你，告辞了！"

学生十分得意，照例在同僚中宣扬了一通，以示廉洁，心想传到皇帝耳朵里，定会龙恩大降，身价倍增。

此事，果然传到了雍正皇帝的耳朵里。哪知雍正帝不但没有"龙恩大降"，反而大为恼火，说："国将富，必尊师而重傅。古有'一日为师，终身为父'之说；又有'一日三柱香，供奉天、地、君、亲、师'之礼。学使弃先人之说，违先人之礼，实属不道！"于是传旨："从学使正俸以外的补贴中扣500两银，给其师，以顺言正名！"

从此，雍正帝扣银罚轻师的故事便传扬于世。

郑板桥对联尊老

衙斋卧听萧萧竹，疑是民间疾苦声。些小吾曹州县吏，一枝一叶总关情。

——郑板桥

郑燮（1693—1765），清代著名画家。字克柔，号板桥，也称郑板桥。乾隆时进士，曾任潍县县令，书画史。江苏兴化人，应科举为康熙秀才，雍正十年举人，乾隆元年（1736年）进士。官山东范县、潍县知县，有政声"以岁饥为民请赈，忤大吏，遂乞病归。"作官前后，均居住在扬州，以书画营生。工诗、词，善书、画。诗词不屑作熟语。画擅花卉木石，尤长兰竹。兰叶之妙以焦墨挥毫，藉草书中之中竖，长撇运之，多不乱，少不疏，脱尽时习，秀劲绝伦。书亦有别致，隶、楷参半，自称"六分半书"。间亦以画法行之。印章笔力朴古逼文、何。为人疏放不羁，以进士选县令，日事诗酒，及调潍县，因岁饥为民请赈，忤大吏，罢归，居扬州，声誉大著。恣情山水，与骚人、野衲作醉乡游。时写丛兰瘦石于酒廊、僧壁，随手题句，观者叹绝。

著有板桥全集，手书刻之。所作卖画润格，传颂一时。为“扬州八怪”之一，其诗、书、画世称“三绝”，擅画兰竹。

郑板桥任山东潍县县令时，爱微服私访体察民情。一天，他领着一名书童走到城南一个村庄，见一民宅门上贴着一副新对联：

家有万金不算富，命中五子还是孤。

郑板桥感到很奇怪，既不过年又不过节，这家贴对联干什么，而且对联写得又十分含蓄古怪。他便叩门进宅，见家中有一老者。老者强颜欢笑将郑板桥让进屋内。郑板桥见老人家徒四壁，一贫如洗，便问道：“老先生贵姓？今日有何喜事？”老者唉声叹气说：“敝姓王，今天是老夫的生日，便写了一副对联自娱，让先生见笑了。”郑板桥似有所悟，向老者说了几句贺寿的话，便告辞了。

郑板桥一回县衙，便命差役将南村王老汉的10个女婿叫到衙门来。书童纳闷，便问道：“老爷，您怎知那老汉有10个女婿？”郑板桥给他解释说：“看他写的对联便知。小姐乃‘千金’，他‘家有万金’不是有10个女儿吗？俗话说一个女婿半个儿，他‘命中五子’，正是十个女婿。”书童一听，恍然大悟。

老汉的10个女婿到齐后，郑板桥给他们上了一课，不仅讲了孝敬老人的道理，还规定10个女婿轮流侍奉岳父，让他安度晚年。最后又严肃地说：“你们中如有哪个不善待岳父，本县定要治罪！”第二天，10个女儿带女婿都上门看望老人，并带来了不少衣服、食品。王老汉对女婿们一下子变得如此孝顺，有点莫名其妙，一问女儿，方知昨日来的是郑大人。

梅兰芳敬老

> 如今沦落长安市，幸有梅郎识姓名。
>
> ——齐白石

梅兰芳（1894—1961），原籍江苏泰州，生于北京。著名的京剧表演艺术家。在半个多世纪的艺术生涯中，不断探索革新，在艺术上精益求精，虚心好学，形成自己独特的艺术风格，也称“梅派”，对我国京剧事业的发展做出了突出的贡献。

梅兰芳不仅在我国戏剧艺术发展史上占有光辉的一页，而他甘拜他人为师、拜名人为师，活到老学到老、尊老敬业的美德，也广为传颂。

1931年春，南北京剧界名家齐集上海演出。演出的剧场在浦东的高桥，乘船过江后还有近10千米路。由于路远难走，雇车很不方便。这天，梅兰芳与杨小楼好不容易找到一辆车，刚坐上去，正要上路，突然见到年近六旬的龚云甫老先生步履蹒跚地走过来。梅兰芳立即下车打招呼，当得知龚先生没有雇到车时，便执意让龚先生上车先走，龚先生推辞说：“你今天的戏很重，不坐车，到台上怎么顶得住?”梅兰芳谦恭地说：“我还年轻，顶得住，您老别为我担心。”说着就搀扶龚老上了车，他自己则冒雨步行10千米赶到了剧场。梅兰芳当时已是名震海内外的“四大名旦”之一，论资历和声望，在梨园界都无人匹敌，但他从不摆架子，而是处处考虑别人。

张大千与梅兰芳，一位是泼墨挥毫、丹青写意的国画大师，一位是扮相俊美、唱念俱佳的京剧名伶。两人慕名而知，相敬相重。一次酒会，两人都受邀参加。一些官场人物以为两位大师相遇，必然会有一番排座位争名次的矛盾。岂料梅兰芳一进门见到张大千，恭敬地拱手致意，尊以大师。而张大千更是幽默，故作下跪之姿，慌得梅兰芳赶忙双手相扶，问他何以如此。张大千道：“古人说：君子动口不动手。您以唱念为业，是‘动口’的，‘君子’当之无愧。我以作画为生，是‘动手’的，自然属于‘小人’。今‘小人’见‘君子’，岂有不跪之理。”说罢，两人开怀大笑，满座宾客也为之捧腹。

解放前，在一次京剧《杀惜》的演出中，剧场内，戏迷们喝采声不绝于耳。

“不好！不好!”突然，从剧场里传来一位老人的喊声。人们一看，是一位衣着朴素的老者，已有六旬年纪，正不住地摇着头。

梅兰芳看到这一情景，心里感到蹊跷。戏一下场，他来不及卸装、更衣，就用专车把那位老先生接到家中，待如上宾。他恭恭敬敬地对老人说道:“说我孬者,是吾师也。先生言我不好,必有高见,定请赐教,学生决心亡羊补牢。”

老先生严肃而认真地指出:“惜姣上楼和下楼之台步,按梨园规定,应是上七下八,博士为何上八下八,请问这是哪位名师所传?”

梅兰芳一听,恍然大悟,深感自己的疏漏。纳头便拜,连声称谢不止。

后来,梅兰芳凡在当地演戏,都要请这位老者观看,并常请他指教。

梅兰芳不仅在京剧艺术上有很深的造诣,而且在琴棋书画上也是妙手。他师从齐白石,虚心求教,总是执弟子之礼,经常为齐白石磨墨铺纸,老师对这个“学生”也十分敬爱。

有一次,齐白石到朋友家作客。客厅内宾朋云集,皆是社会上之名流。齐白石较之这些人自觉寒酸,不引人注目。正在这时,主人上前恭迎梅兰芳,人们也蜂拥而上,一一同他握手。可是,梅兰芳已知齐白石也在赴宴,他四下环顾,寻找老师,亲切地问:“难道齐白石先生没来?”当他看到被冷落到一旁的齐白石老人时,立即让开别人一一伸过来的手,挤出人群,向老画家恭恭敬敬地叫了一声“老师”,和他寒暄问安。

在座的人见状,都很惊讶。齐白石也深受感动。隔了几天,他特向梅兰芳馈赠《雪中送炭》一画,并题诗道:

记得前朝享太平,
布衣尊贵动公卿,
如今沦落长安市,
幸有梅郎识姓名。

孝敬老人

曾参敬老故事

> 大孝尊亲，其次弗辱，其下能养。
>
> ——曾子

曾参（前505—前436），字子与，又称曾子，春秋末年鲁国南武城人。曾参出身贫寒，一生经历坎坷，但终生讲求修身养性，主张“日三省身”。

曾子以孝出名，他不仅行为上恪守孝道，而且还有一套理论主张。他把孝分为三种：大孝尊亲，其次弗辱，其下能养。

曾子在孔子门下受业学习多年，已学有所成。那时，他家贫寒，为了养活父母，他在离家很近的莒国出仕做小吏。虽然俸禄只有几斗米，但是他仍然十分欢喜，因为能用自己所得供养双亲。后来，他成了大名士，双亲也老了，他就不再外出谋官。当时，各国聘请他做相国，楚国委任他为令尹，晋国请他做上卿，都被他拒绝了。

父母亡故之后，曾子游历到楚国，做了大官，出门百乘相随，大队仪仗呼拥，高官厚禄十分显赫。可曾子并不高兴。他常常面北哭泣，因为在他看来，官再高，禄再丰，父母已经亡故，无法再奉养双亲了。父母没能过着荣华富贵日子，太可怜了。

曾子孝敬双亲，甚至到了愚孝的程度。

一天，曾子到他父亲的瓜地里去锄草。一不小心，把瓜苗锄掉了好几棵。曾子好心疼，自责自己的粗心。

这时，正赶上他父亲拄着棍子来薅草，一看见曾子把瓜苗锄掉好几棵，气不打一处来，没问青红皂白，举起棍子，照着曾子的脑袋打来。本来，曾子稍一侧身，棍子就不会落在曾子的头上的。但曾子想，自己错了，父亲打几下消消气，就没有躲闪，仍立在原地。因用力过猛，曾子被打倒在地，不省人事了。这下子可吓坏了父亲，后悔自己出手太重。老人连呼带叫，揉了半天，曾子才苏醒过来。

为了不使父亲为自己担忧，曾子赶紧爬起，好像没挨过打似的向父亲赔不是。并走进瓜棚，拿过琴来弹给父亲听，让父亲消气。

曾子不仅对父亲如此，就是对后母也是十分孝敬，甚至休了妻子以敬后母。

曾子的后母对他十分刻薄，一点恩义也没有，但曾子毫无怨言，像对父亲那样，孝顺备至。

有一次，他让妻子为母亲做藜羹，他的妻子一时粗心，没蒸熟就端了上去。曾子知道后，大为恼火，立刻写了休书，将妻子撵出门去。知情人都认为太过分了，责问他说：“妇人犯了七出之条，才能休掉；藜羹不熟，这样区区小事，你为什么要因此休妻呢？”

曾子说：“藜羹确实是件小事，但我叫她煮熟奉母，她竟然不听我话。这样的人，如何可以留下她呢？”

然而曾子毕竟疼爱自己的妻子，为了珍惜夫妻感情，终身没有再娶。

卞庄子采蜜敬老

谨庠序之教，申之以孝悌之义，颁白者不负戴于道路矣！

——孟子

卞庄子出生在春秋时代的鲁国卞邑，他不仅是一位英勇的壮士，而且还是一位德行很高的人。

没有出外做官的时候，卞庄子家住在卞桥东北十几里的蜂王山下。蜂王山上有一窝非常大的蜂群，它们经常成群地到窝外袭击人畜，人们惧怕蜂蜇，都不敢上山打柴、打猎。

一次，卞庄子的母亲得了重病，疾病折磨得老人饭吃不香，觉睡不着。母亲得病后，急坏了卞庄子，他天天伺候母亲，在病榻前喂水喂药，端屎端尿，从不厌烦。还想尽一切办法为母亲做好吃的。老人在卞庄子的精心照料下，病情减轻了许多。

一天，卞庄子到母亲床前问安："母亲，今天您想吃点什么？""娘的嘴总是觉得苦，想吃点甜的！"母亲有气无力地说。卞庄子为难了："方圆数里，只有蜂王山蜂巢里的蜜是甜的，别的食物都不甜，怎么办呢？"

"既是这样，我儿就不必发愁了！"母亲躺在床上安慰儿子说："我只不过说说而已，其实不吃也行。"

卞庄子，立即从母亲床前站起来说："娘，您放心，孩儿一定给您割来蜂王山的蜂蜜，让您老人家吃到！"说罢，扭头就走了。

"不！孩子，你不能去！"母亲从床上伸出瘦骨嶙峋的手来制止儿子，"我听说，蜂王山的蜂可毒啦，你要被蜇坏的！"

卞庄子安慰说："母亲放心，孩儿晓得，我一定要弄来蜂蜜！"说完，就背上筐子，拿起柴刀，不顾一切地向蜂王山冲去，荆条划破了他的手指和衣衫，他全然不顾。进了蜂王山，一个硕大的蜂巢附在山石上，群蜂铺天盖地向卞庄子袭来。卞庄子扑通跪倒在山坡上："尊敬的蜂王啊！请可怜可怜我病重的母亲吧！她想吃点蜂蜜！"

群蜂像是听懂了卞庄子的话似的，向四面八方飞散而去。卞庄子连连道谢："谢蜂王殿下赏蜜！"他从腰间拿出柴刀，从巨大的蜂房里割了一块蜜，然后离开了蜂巢。

卞庄子到家的时候，天已经黑了。母亲正惦记着儿子的安危，没想到他平安回来了。

卞庄子一进门就说："母亲！我去了蜂王山，向蜂王为您讨了蜜，您快吃点吧！"他用汤匙为母亲舀了一勺蜜，送到母亲嘴里，母亲吃在嘴里，甜在心里。蜂蜜滋补了母亲的身体，母亲的病渐渐好了。

卞庄子不顾危险为母亲割蜜的故事在泗水卞桥一带流传下来，他赢得了人们的尊敬。

薛包尊敬继母

兄弟团结友爱，也好让九泉之下的老人放心哪。

——薛包

薛包，字孟尝，汉安帝时汝南人。

他年轻时就勤奋好学，对人厚道，懂得礼貌。母亲常年疾病缠身，卧床不起，薛包求医煎药，端水送茶，问冷问热，伺候得非常周到。于是他孝敬老人的名声，便传遍了乡里。

母亲去逝后，父亲又娶了一房妻子。为了讨个好名声，继母对薛包表面上总还过得去。但时间一长，就容不得了，开始在父亲面前说薛包的坏话。天长日久，父亲信以为真，就叫薛包出去自己过。薛包不忍抛下父母自己另过，就日夜哭泣。这下可惹恼了父亲，竟用棍杖把薛包赶了出去。

薛包无奈，只好在院外搭个棚子，晚上睡在那里，早晨起来还是回到家里，洒扫庭院。父亲还是逼他走，他实在没办法了，只好在庄外搭个小棚，住在那里，早晚还是回家来洒扫院子，干些伺候父母的零活。不管刮风下雨，还是大雪飞扬，一年多来从不间断。薛包的孝心终于感动了父亲和继母，又准许薛包搬回家住。

薛包回家住之后，更加孝敬继母，关心体贴，竭尽孝心。在继母病重时，他问病求医，煎药送水，时刻不离。白天，渴不思饮；夜晚，衣不解带。直到继母去逝，从无倦怠之意。

父母双双过世之后，继母生的弟弟要求分家。薛包一再劝阻，仍是无效。便主动把好的房屋、田地、器物、能干的佣人，留给了弟弟，自己把老得不能干活或无家可归的佣人领去，他说："这些老人和我同住多年了，你不能使用他们啊，跟我去吧。”田地，他拣荒芜贫瘠无法耕种的要，房屋，他拣破旧要倒坍的要，他说：“这是我年轻时所经营的，我很留恋这些土地和房屋啊！”器具物品，他拣破烂的要，他说：“这些器具物品是我平素吃穿用的东西，适合我的身体和口胃啊！”

弟弟好吃懒做，不务正业，不久就把分得的家产全卖光了。薛包经常周济他，从不袖手旁观，也不埋怨挖苦。乡里人有的说：“你弟弟游手好闲，对你又不好，也不是一母所生，有钱也不能给他呀！”薛包笑着回答说：“兄弟团结友爱，也好让九泉之下的老人放心哪，这也是尽孝心呀。”

汉建光年间，薛包的孝行，传到了京城，得到了皇帝的重视，特召他当侍中官。

缇萦尊老救父

子曰：孝，天之经，地之义，民之行也。

——康熙

缇萦是汉文帝时太仓长淳于意的小女儿。他父亲淳于意，是个精通医道的有名医生。后来他回家专门行医后，治好了不少疑难病症，有钱没钱，他都给细心地瞧脉看病，因此，远近患者，应接不暇。

一天，淳于意要出门办点急事，就在大门外贴了一个告示：“这两天有事出门，暂不看病，请谅。”不巧有个地方上的大官得了个急病，老远的慕名而来，竟不在家，便立即派人去找。差人刚走不久，那官人就在淳于意的大门外病死了。这可吓坏了那官人的几个手下人，为了推卸责任，他们竟编了一个故事，回禀说：“看错了脉，耽误了病，不然不会死的。”这可气坏了病人的家属，他们仗着官势，也不问个青红皂白，第二天便领着县里的公差登门抓人。

淳于意到家还没来得及看一眼妻室，就被公差抓走了。公堂上不容申辩，硬说他行医害人，判为“刖刑”（古时肉刑的一种，割去脚）。

因为淳于意当过太仓长，是朝廷命官，判罪需有皇帝的批准，才能最后定罪行刑。这样就得把淳于意押解到京师去。

淳于意没有儿子，只有五个女儿。其中有一个名叫缇萦。别看她年纪小，又是个女儿身，可从小就与众姐妹不同，特别刚烈，又有心计。她想，这不是以势压人，颠倒黑白吗？病人来看病时父亲不在家，有墙上的告示为证，怎么谈得上行医害人呢？我要到京师去说个明白。她把自己的想法和众姐妹说了一遍。大家都为她捏了一把汗，可想到小缇萦的倔强，谁也没出面阻拦，大家只是说了些一路上要十分小心的话。

父亲被押解进京那天，小缇萦早早地便起床了，洗了把脸，找齐了必备的用品，打了个小包，辞别了众姐妹便上路了。

在一个十字路口，她等待着父亲。终于看到父亲了，几天不见，父亲苍老多了，又戴着刑具，小缇萦心疼得哭了起来，一下子扑在父亲身上，抽泣着说：“我护送您上京去，路上我一定照顾好您！”父亲愣住了，忙说：“你还小呢，又是个女儿家，怎能受得了路途的艰苦呢？”小缇萦坚持要去，她毫不犹豫地说：“我就是要去替父亲申冤。”说完便径直朝前走去。解差们知道淳于意是冤屈的，本来就抱有同情，小缇萦的孝心和勇气更使解差感动，一路上没有为难他们。小缇萦又聪明机警，一路上照顾父亲确实是很周到，父亲少遭了不少的罪。

到京后，小缇萦就给皇帝写了信，诉说父亲的冤屈，要求免除父亲的“刖刑”。信中说：“我父亲为官清廉，行医有术，现被人诬告受‘刖刑’。人一受‘刖刑’，不死也得残废，有罪，则失去了改过自新的机会；无罪，则无法弥补了。我甘心情愿卖身为奴，替父亲赎罪。请皇帝明察。”

汉文帝见缇萦人不大，对父亲的孝心却不小，说的道理也挺深刻，一时动心，就赦免了淳于意，让他领着小缇萦回家了。

后来，汉文帝也发现使用“刖刑”的坏处，常常冤枉好人，而无法纠正，就下令废除了“刖刑”。

司马迁尊老写书

有子且勿喜，无子固勿叹。

——（唐）韩愈

在一间冷森森的囚牢里，一个手脚戴着刑具的犯人蜷缩在刑房的角落里。这个犯人就是辉煌巨著《史记》的作者司马迁。3 年前，父亲司马谈去世，他继承父职，在汉武帝手下任太史令。

一天，汉武帝问他对李陵在与匈奴作战中投降一事的看法。司马迁从李陵平时的为人以及当时敌强我弱的形势加以分析，认为李陵是有功之臣，他的投降实属无奈，将来必为朝廷效命。汉武帝听罢心中大怒，以“欺君罔上”之罪，把他投入监狱，并判处死刑。

这场从天而降的横祸使司马迁悲愤至极。他在牢中凝视着窗外的月光，回想起生前的父亲。

司马迁 10 岁时，父亲带他到家乡陕西韩城郊外河边，只见奔腾咆哮的黄河向龙门山滚滚冲击。父亲给他讲了一个古代的传说：“每年都有千千万万条鲤鱼逆流而上，想穿过龙门山后化为神龙上天，可是那些意志薄弱的鲤鱼都触山而死，只有毫不灰心、坚韧不拔的 72 条鲤鱼跃过龙门，成为火眼金爪的巨龙，直向天门飞去……”

公元前 110 年，司马迁出使西南巴蜀回家时，父亲已病人膏肓。他跪在病榻旁给父亲端上了一碗汤药，父亲摆摆手，对他说：“我死之后，你要接替我的位置，继承祖先的事业。自从孔子死后，至今 400 多年了，没有一部像样的史书。我身为太史，没能做成这件事，真担心天下的史籍文化从此断绝，你要记住我的话，写成一部《史记》……”

司马迁泪流满面，哭泣着说：“儿虽不敏，但一定记住完成父亲未完成的事业，把《史记》写出来。”

狱中的司马迁想到这里，站起身来，两手紧紧攥住窗楞，口中喃喃地说："父亲，我不会忘记你的遗训……我一定要活下来！"

按照汉代的律法，死囚可花大钱赎罪，但司马迁拿不出那么多钱；剩下的办法是接受宫刑，这是对人格的极大侮辱。想到这里，他心中一阵寒噤：这种肉体和精神的痛苦简直比慷慨引刀还要难受百倍啊！但是，为了继承父亲的大业，他决心忍受一切痛苦。

第二天，司马迁通知狱司转告汉武帝，他愿意接受宫刑。

司马迁被释放后，开始发奋写作，每天写到深夜。汉武帝征和二年（公元前91年），司马迁终于完成了共130卷、53万字的巨著《史记》。

班固尊老著书

大孝终身慕父母。

——孟子

班固（32—92），字孟坚，东汉扶风安陵（今陕西咸阳市东）人，是中国古代著名的史学家、文学家。

班固出生于封建官宦家庭和儒学世家。其父班彪，字叔皮，为人性情沉静稳重，博学多才，善于著述。班固之所以能成为一个著名的历史学家，与班彪的教导和影响是分不开的。

班固在父亲教导与影响下，自幼聪明伶俐，9岁就能作文。16岁入洛阳太学读书。青年时期博览群书，对于诸子百家各种学术流派的观点，细心加以探讨。班固治学注重了解文章大意，而不在分析字章上下工夫。他为人宽厚、谦虚，从不以自己才学过人而自恃，因而深为时人所敬慕。

班固23岁时，其父因病逝世。当时他正在洛阳太学读书。当他听到父亲病逝的消息后，悲痛至极，他匆匆赶回家中为父居丧。在此过程中，他一面缅怀父亲生前对自己的教诲，一面潜心阅读父亲遗作。在通读《史记后传》之后，他发现很多地方记叙的还不够详细，于是，他决心尊重父亲的遗愿，代父亲完成未竟的事业。

班固开始大力搜集材料，改订体例，准备在《史记后传》的基础上编撰《汉书》。可就在他埋头编撰过程中，有人诬告他私自改作“国史”，而被捕入狱，书稿也一并被抄去。

其弟班超闻讯上书，才救了他。当时明帝看了他的书稿，不但赞赏他的史学才能，而且召他到京师任兰台令史，掌管宫庭藏书，并进行校勘工作。第二年被提升为秘书郎。班固充分利用这个有利条件，典校秘书、编著国史。明帝非常高兴，命他继续撰写班彪未写完的《史记后传》。

这是他完成父亲未竟事业的大好时机，于是他又着手撰写《汉书》了。经过20余年的不懈努力，到汉章帝时，《汉书》才大体写成。

《汉书》内容丰富充实，保存了大量原始资料，而且语言精练，词简意赅，结构严谨，对人物的描写尤为细腻、生动，跃然纸上。它真实地记录了当时社会的现状与阶级矛盾，客观地反映了统治阶级的腐朽与罪恶，对民间疾苦寄予一定的同情，歌颂了一些英雄、爱国人物。总之，《汉书》不仅是一部有重要史料价值的优秀历史文献，而且也是一部杰出的散文巨著，在文学史上有重要地位。

黄香扇枕温席

母亲的心是儿女的天堂。

——意大利谚语

黄香，东汉时期江夏（今湖北云梦县东南）人。

他小时候，生活很艰苦，9岁时死去了母亲，父亲年老多病，家务劳动的重担，多半落在小黄香的肩上了。

母亲去世前，病了好一阵子，小黄香一直不离左右，由于劳累和悲伤，身体消瘦了，脸色发黄了，母亲心疼得恨不得马上死去，好让黄香得到解脱。

母亲真的离开了小黄香——永远地离开了。小黄香悲伤得死去活来。身体彻底地垮了，几乎不能劳动了。亲友们劝他，父亲开导他。小黄香左思右想，终于想通了，人死不能再生，自己把身体搞坏了，父亲谁去伺候，不如把想念母亲的心，用到孝敬父亲上。从此，他关心照料父亲，家务活自己都承担起来，不让父亲操半点心。

他家住的房子很矮小，在骄阳似火的夏季，晚上屋里不但热气长时间不消失，而且还有蚊子。小黄香为了让父亲休息好，晚饭后，总是拿着扇子把父亲屋里的蚊子苍蝇扇跑扇净，还要扇凉父亲睡觉的床和枕头，使父亲早些入睡。

在寒风刺骨、冰天雪地的冬天，屋里没有任何取暖设备，为了让父亲少受冷挨冻，早早给父亲铺好被，自己脱下衣服钻到被窝里，用自己的体温，温暖了被窝之后，才让父亲睡下。

9 岁的小黄香就是这样孝敬父亲。他自己在冬天穿不上棉裤，盖不上棉被，从不叫一声苦。他从不叫父亲为难，自己想方设法去克服困难。他整天欢欢喜喜，蹦蹦跳跳，充满了乐观向上的精神。

他孝敬父亲的品德得到了邻里的赞扬，还得了皇帝的嘉奖。他学习也很好，人们称他是“天下无双，江夏黄香”。

他后来当过尚书令，取得了很好的政绩。

蔡文姬为老续书

哀哀父母，生我劬劳。

——《诗经·小雅·蓼莪》

蔡邕是东汉末年的名士，他学识渊博，精通经史、音律、天文，又以文章、诗赋、篆刻、书法盛名于世。豪强董卓专权时，为笼络人心，请他出来做官，对他十分敬重，两天连升三级。后董卓被王允所杀，蔡邕从此不得志。

蔡邕有个女儿，取字文姬。她从小聪明伶俐，因受父亲影响，十几岁时就通琴棋诗书。

一次，她听到父亲在书房里弹琴时断弦，就走出来说："父亲，你的琴第二根弦断了吧！"父亲以为她偶而猜中，待她离去后故意将第三根弦拨断，又问女儿，文姬回答得一点不错。从此，蔡邕把她视作掌上明珠，亲自教她诗文、音律，有时父女俩一起作诗唱和。文姬不仅敬重父亲，而且十分孝顺。父亲写字，她在旁研墨；父亲有病，她煎烧汤药，日夜侍奉在侧。

文姬长大后，嫁给河南卫仲道为妻。不久，丈夫病死，她就回家守寡。父亲死后，母亲因过度悲伤，也跟着去世了。从此，蔡文姬孤身一人回到故乡陈留，一心整理父亲的著作。董卓死后又发生李催、郭汜的混战，长安一带百姓到处逃难，蔡文姬也跟着难民流亡。一次，她在途中被一支趁火打劫的匈奴兵掳走献给左贤王。左贤王见她貌美多才，十分怜爱，纳她为妃子。

蔡文姬忍辱含屈在匈奴住了 12 年，好在左贤王对她十分体贴，又生下了一男一女。但她仍日夜缅怀父亲和中原故国，经常对月弹琴，用琴声寄托对父亲的思念之情。

公元 216 年，曹操统一了北方，在邺城当了丞相，封为魏王。他想起了 10 多年前的故友蔡邕，并得知蔡文姬在匈奴的消息，便派董祀为使节，带着大批金银财宝去赎蔡文姬归汉。

蔡文姬听得曹丞相派人来接她回中原，心中十分矛盾。返回故国是她日日夜夜的梦想，但又不忍离开两个子女，就央求左贤王让她把孩子带走，即使带回一个也行。左贤王说："曹丞相派使者要你回去整理你父亲的遗著，单于已经同意了，我只得遵命，但孩子是匈奴人，我绝不能让你带走。"

为了实现父亲生前的遗愿，蔡文姬忍痛离开一对心爱的孩子，随着董祀走了。

到达长安郊外父亲的墓地时，蔡文姬长跪在墓前失声痛哭，又弹唱了自编的《胡笳十八拍》。歌词中寄托了她缅怀父亲养育之恩的深情，抒发了自己在与百姓颠沛流离中的哀伤，在旁的董祀听了潸然泪下。蔡文姬对董祀说："父亲早年得罪了宦官，被流放到朔方；逃出了厄运回到洛阳后，我们父女俩相依为命。我失去了丈夫后又失去了父母，在战乱中流落匈奴，我一生的命运与父亲一样悲苦。这次回到中原，我一定要遵从父亲的遗愿整理他的遗稿，否则我就成为世上不孝的女儿了！”

蔡文姬到了邺城，曹操为她与董祀完婚，还送给他们一所房子和两名奴婢。一天，蔡文姬前来答谢曹操，曹操问她：“听说夫人家有不少蔡邕先生的书籍文稿，现在还保存着吗？”

蔡文姬叹了口气说：“家父生前留下4000多卷书，可惜几经大乱，全都散失了，不过我还能背出400多卷来。”

曹操听得她能背出那么多，高兴地说：“夫人真是一代才女！你要把它写出来，这可是一笔珍贵的财富啊！”后来，蔡文姬在家中悬挂起父亲的画像，花了几年时间，把她的所能记住的几百篇父亲的文章默写下来，还续写了《后汉书》，实现了父亲的遗愿。

马钧改织机

将出牵衣送，未归倚阁望。

——黄遵宪

马钧，三国时代魏国人，家住陕西凤县，是“丝绸之路”经过的地方。马钧的母亲就是织绫的。

因家境贫寒，无钱上学读书，马钧就在劳动中学习手艺，如雕木偶，结鱼网，修理农具、家具等等。他对母亲非常孝顺。

母亲织绫用的织机，十分笨重。为了织花，人们把织机上的经线分成60综，每一综用一个小踏板操纵，60综，就用60个踏板来操纵，每织一根纬线要踏60块踏板。这样，操作起来既费力，又低效。

马钧见母亲每日操作这样笨重的织机，累得疲惫不堪的样子，心里非常难过。心想：“自己整日修这修那，为什么不改进改进织机，来减轻母亲的劳动呢？”

有一天，他看见一个小男孩用一根绳子系在核桃树上采核桃，只用力一拉，核桃便哗啦哗啦往下落。马钧想："这要比上树用手一个一个去摘省劲儿多了。"这时，他灵机一动，计上心来，扭头就往家跑。进屋后，一头扎到织机旁，摸摸这，看看那，最后目光落到踏板上。"对，就从这里下手来改进!"于是便开始量尺寸，试样子，之后将锛、刨、斧、锯全找来，动手制做。忙了好几天，终于做出20块踏板，外加一些关联部件。经过紧张地安装之后，他亲自坐上织机试踏。他踏下一块板，经线就能提起10综来。马钧一看，心想："有门儿。"母亲见马钧如此高兴的样子，也喜在心头，她想："儿子为了减轻自己的劳累，不辞辛苦，改进织机，真是个孝顺的孩子!"

马钧虽说很高兴，但仍不满足现状。他想："既然能从60块踏板，减少到20块踏，为什么不能再设法减少一些呢?"于是他连夜研究改进，母亲感动得亲自提灯为他照亮。终于，减少到12块。

母亲坐上儿子为她改进后的织机，织起绫来既轻又快，心里甭提多高兴了。

这种新式织机，很快便推广开来。马钧这个大孝子的名字，自然也传扬开来。当时洛阳城的魏明帝闻知此事，召马钧进京，并封了个给事的官给他。可马钧对此并不感兴趣，他千方百计抽时间致力于机械方面的研究，后来竟成为三国时代魏国杰出的机械发明专家。

李密尊敬祖母

臣无祖母，无以至今日；祖母无臣，无以终余年。祖孙两人，更相为命。

——李密

李密，三国时蜀武阳（今四川彭山县）人。在他刚满六个月的时候，父亲因病早逝。母亲一人既要抚养密儿，又要伺奉婆婆。生活虽苦些，但看着密儿一天天长大，也就不觉得苦了。天有不测之风云，在李密四岁的时候，他舅父非逼迫妹妹何氏改嫁不可。母亲拗不过舅父，只好含着热泪嫁人了。从此，李密便成了一个孤儿，家里就只剩他与祖母了，抚养他的重担就落到祖母的肩上了。

祖母刘氏年老多病，但她是个有志气、性格刚强的人。望着自己可怜的孙子孤苦伶仃，心像被针扎，难过极了。她鼓励自己要顽强地生活下去，一定要把孙儿抚养成人，绝不能断了李家的香火。

李密小时，因过早地失去了母爱，曾一度体弱多病，九岁时才能自己走路。但他非常聪明，读书能过目不忘。他和祖母相依为命，从小就知道心疼祖母，听祖母的话，从不惹祖母生气。他和祖母形影不离，还常常逗祖母发笑，用笑声去安慰祖母。自己能干活了就帮祖母多干些家务活，尽量减轻祖母的负担。他勤恳劳动，用心读书，事事都让祖母宽心。

有一次，祖母病了，他细心地侍候祖母，晚上不脱衣裳睡在祖母身旁，给祖母喂药、喂饭、喂水，都是自己先尝一下冷热，然后才喂祖母，给祖母洗脸、更衣、端屎、倒尿，一刻也不离左右。在李密的精心服侍下，祖母的病终于好了，李密别提多么高兴了。祖母逢人就夸自己的孙子孝顺，说自己的心血没有白费。

李密 44 岁那年，祖母已 96 岁了. 这时，晋武帝启用他当侍奉太子的东宫洗马，并命令地方官催他上任。李密想到祖母享受人伦之乐的时光已经不多了，自己自幼就在祖母的身边。一但相别，对年事已高的祖母肯定是一次严重打击，思念会使老人躺倒的。于是他写了一篇《陈情表》给晋武帝，诉说他的处境，说明不能到任就职的原因。他在《表》中热情洋溢地写道：“没有我的祖母，就没有我的今天，今天祖母没有我，就没法度过晚年了。我和祖母互相依靠，相依为命才得以活到现在。现在祖母年迈，我必须侍奉她老人家。”李密尊敬祖母的真心诚意，深深地打动了晋武帝，不但没加怪罪，而且批准了他的请求。

后来，祖母病故了，李密痛不欲生。直到服丧终了，他才应召出来上任做官。

王祥孝敬继母

莫把心爱的儿子留在你身边，放他出外锻炼才会名满天下。

——泰国谚语

王祥，字休征，汉末晋初人，魏晋时先后任太尉、太保等职。以孝敬父母著称于世。父母有病，王祥不分昼夜，衣不解带地侍奉于床前，汤药煎好后，用口吹凉，再亲自尝尝，然后毕恭毕敬，送至父母床前，等待父母喝后才肯离去。

王祥生母薛氏因病过早去世，继母朱氏性情乖戾暴躁，心胸狭窄，一发脾气几天都不过劲。背后屡次向王祥父亲告状，说王祥的坏话，因此王祥失爱于父，经常受到父亲的斥责，以至怒骂，每天都让王祥做各种繁重的家务活计，王强虽年小体弱却一声不响地干活，从无怨言。

继母朱氏喜欢吃新鲜的鲤鱼，不管什么样的天气，王祥都千方百计弄到鲤鱼。有一次，正值数九隆冬的季节，王祥急忙赶到村外河边，正准备用斧子凿开坚冰，想解开衣带进入寒冷的河里去捉鲤鱼，寒冰竟突然裂开，两条鲤鱼跃出，王祥急忙捉住，回家做好“鲤鱼粥”，给继母送去。

继母又想吃“黄雀炙”，王祥几次进入深山也没捉到一只黄雀。后来竟有十几只黄雀突然飞入室内，王祥喜出望外，把捉到的黄雀送给继母。

王祥家庭院里有一棵李树，所结的李子味道鲜美。继母害怕邻人摘吃，就命令王祥在树下护守。白天不让鸟雀落树，夜里防备老鼠食李。一天夜里，狂风骤起，下起瓢泼大雨，王祥抱住树干大哭，深怕李子坠落，一直守到天明。

王祥的弟弟王览系继母朱氏所生，继母爱之如命。王览六七岁时见母亲经常打骂王祥，王览哭着用身体遮护哥哥，十几岁时就经常劝说母亲不要虐待哥哥，朱氏有所收敛。但朱氏仍然无理找岔刁难王祥，并苛待王祥妻子，祥妻侍候朱氏如常。

一天夜里，王祥在床上睡觉，朱氏蹑手蹑脚到床前举斧砍去，正赶上王祥已经起身，只砍坏被褥，她急忙逃走了。王祥知道是继母所为，就赶到继母前，跪下请死，朱氏羞愧不已。

王祥的父亲去世后，家庭重担落在王祥肩上，他每天都起早贪黑操持家务。他为人厚道，品行端庄，见义勇为，誉满乡里。朱氏嫉恨在心，暗里将毒药放入酒里，使人送给王祥，弟弟王览知道底细，径起取酒。王祥也怀疑酒里有毒，争而不与，朱氏只好夺下酒急忙跑了。从此，朱氏送给王祥的饭菜，王览都抢先尝尝，朱氏怕误毒王览，就不再往饭菜里下毒了。王览深受哥哥熏陶感染，“孝友恭恪，名亚于群”，当时传为美谈。

王祥几十年如一日孝敬继母，有求必应，终于以孝心打动继母，母子感情逐渐融洽起来。

东汉末年，军阀混战，民不聊生，王祥扶母携弟避地庐江，在那里隐居三十余年，魏国多次征召，也不前往就职。王祥小心谨慎地孝敬继母，直至继母去世。丧葬完毕，他已年近六十，才去徐州任别驾，协助徐州刺史吕虔勘乱，使州界清净，政化大行，时人歌之曰：“临沂之康，实赖王祥，邦国不空，别驾之功。”

王祥在西晋任太保之职，位居三公，高洁清素，家无余宅，为政清廉，勤俭持家，病重遗令子孙丧事从简，“家人大小不须送丧”，在当时传为佳话。

王延尊重继母

> 你不同情跌倒在地的老人，在你摔跤时也没有人来扶助。
>
> ——印度谚语

王延，字延元，是晋代西河人。他9岁的时候，母亲因病去世了。王延多年哀伤，几乎使自己失去自理的能力而成为疯子。每当到他母亲忌日那一天，他就跑到母亲坟前哭拜，常常是连续十几天也不中断，亲友们苦苦相劝，他才依依不舍地离开坟地。回家后，王延的父亲又娶了一位妻子，是卜氏之女。卜氏对王延极其刻毒，总是为难他。冬天做棉衣的时候，就用蒲草和烂麻皮当棉花给王延做了衣服，又破又短，根本不能御寒。王延的姑姑听说以后，急忙跑来询问。王延却一字不提，还请求姑姑不要去质问继母卜氏。从此以后，王延为了不惹继母生气，不让父亲、姑姑操心，对继母更加恭敬了。

有一年，正值隆冬盛寒时节，继母卜氏突然想吃鲜鱼。于是，她就责令王延到集市上去买，因为根本没有人卖鱼，所以王延只好空手而归。卜氏一见，勃然大怒，操起一根木棍把王延狠狠打了一顿，直打得遍体鳞伤才罢手。王延拖着满是伤痕的身子，跑了几里路到汾河上去凿冰打洞，准备抓鱼。他用绳子绑住一个大竹筐放到冰河里，一直等到天黑，提起来一看，果真有一条大鱼，王延高高兴兴地捧着活蹦蹦的大鱼跑回家，恭恭敬敬地给了继母卜氏。继母在冬天吃到新鱼，对王延的孝行有所感动。打那以后，对王延的态度也逐渐变得温和了。后来，继母终于把王延当成自己的亲生儿子，为他找先生教他读书。

继母卜氏态度的转变，王延对继母更加孝顺了。盛夏酷暑，他用扇子为继母扇风；隆冬严寒，他替继母暖被窝。虽是严冬，他衣衫单薄，却时时想着继母的温饱，问候起居。他亲自做饭做菜，尽量让继母吃得有滋味。白天他外去做佣工，晚上回家干家务，夜里读书写字，常常是达旦而止。就这样，几年以后，他经史群书都能通晓大义。有一次，州郡官员请他去做官，他以侍奉继母太忙，没有空余时间为理由，非常干脆地推辞掉了。继母卜氏在王延的细心照料下，高高兴兴地度过了晚年。

孙思邈学医敬老

对父母养育之恩的报答，也是对人类劳动的尊重。

——俗语

孙思邈（581—682），出生于京兆华原县（今陕西耀县）的一个木工家庭。

思邈年少时，见父亲患有雀目病（夜盲症），母亲患粗脖子病，非常着急。

一天，父亲边做木工活边问思邈：“你长大了干什么？”他毫不犹豫地回答说：“我长大了要当个医生，把您的雀目病治好，把妈妈的粗脖子病也治好。”父亲听了思邈一片孝敬父母之言，十分感动，沉思片刻说：“好孩子，你要当医生就不能像爸爸这样，斗大的字不认识一个。咱家虽说很穷，但我就是累弯了腰，也要供你念书。明天你就上学去！”于是，小思邈就在村西一孔土窑洞里开始了他的读书生涯。

12 岁时，父亲带他到药农张七伯家做药柜。思邈见张家院内到处是草药，心想：“这下父母的病可有治了！”就拜七伯为师。过了一段时间，思邈发现，七伯识不了多少字，只是懂得一些药性，会用几个土方子，而不懂医理。七伯发现思邈是个极聪明的孩子，自己不能耽误人家的前程，就诚恳地对思邈说：“从这往北走 40 里，是铜官县，我舅舅是那里有名的医生，这帙《黄帝内经》就是他送给我的，我读不懂，你拿回去好好读读。等长大些，去找我舅舅学医吧。”

17 岁的思邈，为双亲治病心切，不畏人生路远，终于来到铜官县，找到那位名医，可这位医生不会治雀目病和粗脖子病。尽管如此，他还是不死心，硬是拜师学习了一年。一年以后回乡行医，同时继续寻找治双亲的病的方法。

一天，他给一个远道而来的病人治好痼疾，病人感激地说："孙先生年纪不大，可医术超群，真是复生的扁鹊，再世的华佗啊！"思邈听了忙说："哪里，哪里！我连父亲的雀目病，母亲的粗脖子病都治不好，哪敢与古代名手相比！"病人见他将双亲的病挂在心上，很受感动，想了想说："我家住在秦岭里面，那儿粗脖子病人很多，我表妹就患了这种病，被秦岭之巅——太白山上的一位先生治好了。"思邈听了，欣喜若狂，忙问："这位先生叫什么名字？"病人说："叫陈元，是江南人。"

思邈一心想治好双亲的病，第二天就动身赶往太白山。400 里旱路，交通不便，其旅途艰难，是可想而知的。但是，思邈却以惊人的毅力战胜了旅途上重重困难，终于来到了美丽的太白山脚下，几经周折，找到了陈元。陈元并不是医生，他是从父亲那里学来的治粗脖病的方法的。思邈满怀信心地住下来，一边行医，一边同陈元采药闲聊，有意探求治雀目病的方法。

一天，陈元边采药边说："我爹说，不知啥原因，雀目病待人不公平，专欺侮穷人，富人就不患这种病。"思邈听了，心里一动："看来穷人一定是缺少某种东西才患这种病的。如果让穷人也吃上富人吃的东西，说不定能治好雀目病。"于是他就叫一位病人接连吃了几斤猪肉，可仍不见好。他又翻药书，见有"肝开窍于目"一条，他想："如果给雀目病人吃肝，一定会奏效的。"于是他就给一位患者买了几斤牛羊肝吃。几天后，病人大有好转，又吃了一些，病人全愈了！

思邈由此受到启发，进一步探讨粗脖子病因。几经调查研究，发现这种病同长期喝一种水有关，如何治疗，还须进一步研究。

有一次，一位猎人射死一只鹿，请思邈去吃鹿肉，他吃着吃着想起来："吃心补心，吃肝补肝。那么吃鹿靥能不能治粗脖子病呢？"后经实验，果然有效，而且羊靥也行。

孙思邈学医，不仅找到了治疗双亲的病的有效方法，而且丰富了医学知识，为他后来成为隋唐时期杰出的医学家，奠定了基础。

李晟教女敬公婆

在家敬父母，出嫁孝公婆。

——李晟

李晟是唐朝的一个大官，官至太尉、中书令。他有个女儿，嫁给一个姓崔的官员，按当时的习惯家人都称她为崔氏。

一次李晟过生日，大清早，崔氏就赶回家来为父亲祝寿。酒宴刚刚开始，一杯酒还没喝完，崔家的一个使女就急匆匆地走了进来，凑在崔氏的身边耳语了一阵。崔氏听完微皱眉头，寻思了一会，挥了挥手，使女便风风火火地走了。

酒宴继续进行，正当众人酒兴正浓的时候，那使女又急急忙忙地转回来，向崔氏嘀咕了好一阵，好像很为难。崔氏很不耐烦地又把使女打发走了。

李晟是个细心的人，他在高高兴兴接受客人和晚辈敬酒的时候，观察到了女儿这边的动静。找了一个机会，他把女儿招呼到自己的身边，轻声地问："怎么，家里有什么事吧？"

"没什么，大家在给您祝寿，爹爹就不要分心了。"崔氏摇了摇头，毫不介意地说。

"不要瞒爹爹了，你家里一定有什么事，快跟我说来！"

"我的婆婆昨天夜里犯了病，今天还有些不舒服。女儿怕扫宴会的酒兴，再说婆母的病也不太重，就没有回去，已打发下边的人去服侍了，若有什么情况会及时告诉我的……"崔氏如实地回着话，语气还是那样淡淡的。

看到女儿这样漫不经心地对待婆婆的病，李晟很生气，就严肃地说："你作为人家的儿媳妇，婆婆闹病，你怎么能不去服侍照料，却跑来为我过生日呢?"

"你过生日，女儿不在也是不孝敬啊！况且满朝文武都在，女儿于席间离开，也不礼貌啊!"女儿委曲地辩解道。

"在家敬父母，出嫁孝公婆。祝寿和服侍病人哪个更急啊?你听说婆婆生病便急忙离去，客人只会夸李家的女儿有教养。相反，不回去别人倒会说闲话，因为爹爹的官职高啊!"说完，便让家人备车，送女儿回家，去照料婆母。

崔氏走后，李晟想到女儿刚才的态度与自己过去教育不够有关，心里很不安。酒宴一撤，李晟便急忙赶到女儿家，问候亲家的病情，并且为女儿今天的失礼，再三表示歉意。

亲家母被感动得流下热泪，因儿媳失礼而生的怨气，一下子全消了。

李晟严格地要求自己，教育女儿孝敬公婆，受到满朝文武的称赞。

乞伏保尊敬继母

> 继母对我很好，没有她我怎么会长大成人呢?
>
> ——乞伏保

乞伏保，是北魏献文帝时高车部（敕勒族）人。他的父亲乞居，曾做过散骑常侍，后封为宁国侯。乞伏保的生母死得很早，由献文帝赐给他父亲的宫女申氏作为继母来抚养他。

继母申氏性情古怪，整天板着面孔，常发牢骚，要性子，动不动就申斥别人。由于她出身宫女，极少接触小孩，所以对乞伏保十分苛刻，根本看不到一丝笑容，也感受不到一点母亲的温情。乞伏保在她面前常常吓得两腿打哆嗦，继母骂他没有小侯爷的派头；乞伏保站直了，她又骂伏保不恭敬她。伏保写字、读书，她时而在旁边评头品足，时而拿起笔管敲伏保的脑门。可乞伏保心里却连一句埋怨的话也没有，从来也没顶撞过一句。

继母申氏以为伏保怕她，所以变本加厉，越发苛刻，几乎近于狠毒了。继母让他顶替仆人去干很重的本来他干不了的活，常打常骂从不间断。父亲曾责问过申氏，可因为申氏是皇上赐给的宫女，也拿她没办法。伏保知道后怕父亲为难，就跟父亲说："继母对我很好，没有她我怎么会长大成人呢，怎么会知道要尊敬长辈，要勤奋、要能吃苦呢?"父亲内心的慰藉化作数滴老泪涌出双眼。为了不让父亲分心，为了家庭的和睦，伏保更加尊敬继母了。

伏保长大以后，继承了父亲的官位，每次得了俸禄或赏赐，都完完整整一文不少地交给继母。晚归的时候，无论公事、私事也都原原本本地告诉继母。继母年岁很大了，性情更加古怪专横了，更听不进别人的话了。后来，伏保出任大将军，因为住所离家太远，只好请继母跟他一起到住所居住，八十多岁的申氏说什么也不答应。伏保以真情相劝，继母答应了。伏保亲自扶她上车，又怕她在车上受到惊动，一路上用手紧紧地扶着车辕，步行到了住所。继母申氏高高兴兴地在住所住了三年。

谢蔺尊老不先餐

爱亲者不敢恶于人，敬亲者不敢慢于人。

——孔子

谢蔺，字希如，陈郡阳夏（今河南太康）人。在他五岁的时候，有一天，他爸爸外出办事，很晚很晚也没回家，他就跑到大门外，坐在石头上张望；天黑得已经到了伸手不见五指的时候了，爸爸还是没有回来。家里人平常总是坐在一起吃饭，这时候，谢蔺的妈妈叫他："咱们先吃吧，不用再等你爸爸了!"他摇了摇小脑袋瓜儿，认真地说："爸爸没回来，我怎么能先吃呢，我一定等爸爸回来。"他一直坚持到深夜，爸爸回来了才一起进餐。这件事后来被他的舅舅阮孝绪听说了，舅舅十分感叹，高兴地说："这孩子在家里就像曾子一样孝顺，出去做官也一定会像蔺相如一样为国尽力。”于是就为他起了“蔺”的名字，希望他今后能真如蔺相如一样有才干，又给他起了一个字叫“希如”。

后来，他家里请了先生教他读书写字，先生教给他经史典籍之书，他看过一遍就全都记住了。先生考他，没有一回能难住他。他舅舅称赞说：“这孩子真是我们家的阳元啊!”

不久，他父亲因病去世。谢蔺十分悲痛，常常偷偷地哭，时常粒米无进，身体日渐衰弱。他妈妈见他这个样子，就劝慰他说：“你不能总是这么伤心。你父亲死了，无论大家怎么哭，他也不知道，更不能活过来。要是你听爸爸的话，就要好好读书，有了本事长大才能做事，才能帮我养活一家人。”听了妈妈的话以后，他果然不再像过去那样常常哭泣了，却是常常夜伴孤灯，手不释卷，学业逐日精进。

由于他很有声望，当时的吏部尚书萧子显非常赏识他的品德和才干，让他做了地方官员。谢蔺尊老的故事也一直被后人传诵。

秦族尊老敬老

尊老敬老是中华民族的传统美德，孝敬父母是精神文明的时代风尚。

——俗语

秦族，是西魏上郡洛川（陕西洛阳）人。秦族的祖父曾为颍州刺史，父亲曾任都城郡守，他们两个人都是很有名望的人。在他们的一生中都是非常孝顺父母、忠于职守的，都因为为恪守孝道而受到治下百姓的尊敬和拥戴。他们也没有忘记教育自己的子女遵守孝行。秦族在父亲的教诲和影响下，很小的时候就知道孝敬父母了。

父亲在做郡守的时候，秦族才七八岁。他平时由仆人看护、侍候，读书写字有先生陪伴，很少见到父亲、母亲。更何况父亲公事繁忙，偶尔回家也顾不上看看他们兄弟几个。父子之间并不十分亲密。可秦族常在先生面前叨念父亲和母亲，先生为情所动，替秦族转达了他对父母的问候。母亲听了以后十分高兴，常把他叫到身边，嘱咐他要好好读书，将来建功立业。秦族 11 岁的时候，父亲不幸病故，秦族同他的几个弟弟至哀痛不已，常因想念父亲而痛哭。他们常到父亲的坟上拜祭，发誓一定尽心竭力奉养母亲，借以告慰父亲的亡灵。过路行人为他们的孝行所动，称赞他们是好孩子。秦族 15 岁的时候，母亲也病倒了，因为父亲为官清正，家里积蓄极少，这时早已用光了。为了养活全家，秦族叫弟弟们上午读书、写字，下午随他干活。寒暑易节之时，秦族总是最后一个换上衣服，并且是最旧最破的。吃饭的时候，他总是让母亲先吃，然后他们兄弟几个才吃，因为饭少菜也少，生怕母亲吃不饱。尽管这样，秦族的母亲因身体病弱，禁不住忧愁和病痛的煎熬，病情加重，终于闭上了满含泪水的双目，离开了尚未成年的儿子。

为了表达对母亲的追思，秦族保存了母亲的居室，只到祭日才进去表示怀念之情。乡里邻人敬服秦族，上书荐举。皇帝下令表彰他的孝行。

乐文德赤足奔丧

弟子入则孝，出则悌。

——《论语》

乐颐，字文德，南阳涅阳人。他少年的时候，无论是说话或做事都十分谨慎小心，待人接物也特别和蔼诚实。家里人看他这样，个个心里乐滋滋的；邻里们见他如此，人人夸赞他一定是个有出息的好孩子。他读书十分勤奋，诸子百家、儒墨法杂，无不通晓，长大以后做了京府参军。由于他能力超群，秉性忠厚，在任期间深得上司的赏识，也深得同僚们拥戴。

后来，他父亲在郢州家里病故，乐颐得到噩耗以后，急急忙忙跑到上司那里请假回家奔丧。由于思亲情切，半路上他常常哭得死去活来。他想起父亲对他的养育和教诲，想起自己的成长过程，每一步都深深地印着父亲的苦心的痕迹。路上，他嫌车子走得太慢，索性跳下车子，飞一样向家乡的方向跑去。可由于太悲憾，没跑多久，他就累得晕倒了，醒来以后，他才发现鞋子跑丢了，脚也磨破了，血糊糊的。一个商贩看他实在太可怜，问明原因以后，强拉着他坐上了拉货的大牛车。就这样，他一路上忧心如焚，几经周折，总算回到了家里。

乐颐年轻的时候曾经得过一场重病，他被病痛折磨得白天坐不稳，黑夜睡不安。白天，他常常躲在院子的角落里装做干活的样子，为的是不让老母亲为他担心。夜里，因为他的卧室跟他老母亲的居室只是一墙之隔，为了不让老母亲发现他的病情，于是强忍住剧痛，决不发出一声呻吟；有时他站起来走动，脚步也是轻轻的；有时他咬住被子，握紧拳头，强制自己躺在床上，所以他盖的被子也被他咬碎了一大片。在他患病期间，他也跟平时一样，按时问候母亲的起居饮食，从来没有间断过。

贺若弼继承遗志

> 为人子，止于孝；为人父，止于慈。
>
> ——《大学》

贺若弼（544—607），隋朝灭陈大将，复姓贺若，名弼，字辅伯，河南洛阳人。

他的父亲贺若敦，是北周时很有名气的将领。当时长江以北，北周与北齐以洛阳为界互相对峙。长江以南则是陈朝，北以北齐为邻，西与北周对峙。武成二年（560 年）贺若敦奉命率兵渡过长江，占领了陈朝所辖的湘州（今长沙）。因为孤军深入，粮饷不继，一年后，他又被迫撤回江北。掌握北周大权的宇文护以失地无功为名，罢了贺若敦的官。自己本来有功，不仅没有得到奖赏，反而受到惩罚，心里很不服气。心里有怨气，嘴就到处说，因此激怒了宇文护，保定五年（565 年），宇文护逼令贺若敦自杀。贺若敦临死时，把贺若弼叫到跟前。嘱咐说："我曾下决心平定江南，然而这一愿望没有得到实现，你应当完成我的遗志。我因为爱说而致死，你千万不可忘记这个教训啊。"说罢，就用锥子把自己的舌头刺出血来，作为告诫。这时，贺若弼已是 22 岁的青年人了。

贺若弼少年时，胸有大志，为人慷慨，刻苦练武，勇敢不凡，同时又博览群书，在当时贵族子弟中很有名望。后来被齐王宇文宪所看中，让他到齐王府做记室，管理王府的文书。不久被封为当亭县公，官至小内史，成为皇帝亲近的一名官员，参与一些机要大事的处理。

建德 6 年（577 年），北周武帝灭掉了北齐，完成了北方的统一，形成了和陈朝南北对峙的局面。大成元年（579 年），周宣帝以大将韦孝宽为元帅，率军伐陈，贺若弼跟随出征。周军先后攻占了淮南的寿阳（今安徽寿县）、广陵（今江苏扬州）等数十个城镇，陈朝江北之地尽为北周所占有。在这次战斗中，贺若弼立了大功，史称这次战斗的胜利多出于贺若弼的谋划。战争结束后，周宣帝提升贺若弼为寿州刺史，改封襄邑郡公，镇守淮南。这为贺若弼实现父亲的遗志创造了条件。

周宣帝死后，大权旁落到丞相、外戚杨坚手中。以尉迟迦为首的大官僚发现了杨坚篡权的野心，便起兵发难。贺若弼因受到怀疑被押解到京师长安给软禁了起来。

杨坚平定反叛后，于 581 年，废掉宣帝的儿子周静帝，自立为皇帝，改国号为隋，称隋文帝。同时着手准备伐陈统一全国的准备工作。这时宰相高颖向他推荐贺若弼，建议加以重用，说："朝臣之内，论文武才干，没有人能比得上贺若弼。"隋文帝于是任命贺若弼为吴州总管，出镇广陵，肩负伐陈的重任。广陵和寿州、庐州是隋朝渡江伐陈的根据地，贺若弼喜出望外。因为实现父亲的遗志，完成国家的统一，施展自己雄才大略的千载难逢的机会终于到来了。到达广陵后，他抑制不住内心的兴奋之情，写了一首诗赠给寿州总管源雄，诗中写道："交河骠骑幕，合浦伏波营。勿使骐骥上，无我二人名。”意思是说，你我统率水陆大军镇守大江之北，肩负伐陈重任，一定要在伐陈战争中取得功名。诗中的骐骥，是指汉武帝在长安未央宫内所建的骐马阁，西汉宣帝时曾在阁里图画霍光等 11 名功臣像。贺若弼引用这个典故与源雄互勉，充分反映了他以伐陈为己任的雄心大志和必胜信心。

贺若弼不忘父志，终于为隋朝的统一立了首功（攻占陈首都建康），而留名青史。

朱丹溪学医

子孝父心宽。

——陈元靓

朱丹溪，1281 年生于浙江省义乌县。幼年丧父，与母亲相依为命。少年时代的朱丹溪，深知母亲的难处，非常体谅母亲。母亲无力供他上学读书，他就自学。白天帮助妈妈干活，晚上挑灯读书。家中没钱买书，他就去村上一户藏书多的人家去借。就这样日积月累，他学习了很多知识，到了青年时代，就已才华出众，成为当地一位学问渊博的人。

邻里见他学问过人，劝他考科举，弄个一官半职的，日子也好过，又能光宗耀祖。但朱丹溪对此劝说从未动心，因为他一心想着致力于科学技术的研究。可是，朱丹溪后来却改学医学了，这是为什么呢？

朱丹溪 30 岁的时候，与他相依为命的老母亲患上严重的胃疼病，朱丹溪甭提有多着急了，他到处寻医问药，请了很多医生给母亲治病，可母亲的病始终不见好转。

朱丹溪见母亲病痛的样子，心里十分难过，于是他暗下决心，改学医学，亲自为母亲治病。从此，他日以继夜地钻研医学，如《内经》《难经》等，并努力研究“望、闻、问、切”的诊病方法，尤其是研究胃病的常用药物。他不畏劳苦，亲自上山采药，亲自泡制。为安全起见，熬成后他先亲自尝试，体味药性，然后才给母亲喝。

功夫不负有心人。朱丹溪经过整整五年时间，竟奇迹般地把母亲的病治好了。乡里人都夸他是个大孝子，母亲为有这样孝顺的儿子而感到宽慰。

“老吾老，以及人之老”，朱丹溪见母亲的病治好了，决定要给更多的人解除病痛。于是，他一面继续自学医学，一面寻访名师。一天，他终于打听到一位叫罗知悌的医生，医术很高明，就亲自登门拜师请教。而罗知悌拒不收徒。朱丹溪经过三年的努力，才被收在门下。

这样，朱丹溪在名师罗知悌的精心指导下，没过几年，就达到了药到病除的程度，很快就成为一位远近闻名的医生。

戚继光敬老立志

封侯非我意，但愿海波平。

——戚继光

明代抗击倭寇入侵的民族英雄戚继光出身于世代将门之家。父亲戚景通是一位久经沙场、屡立军功的老将，56 岁时才生下一子，取名继光。老将军晚年得子，对继光十分钟爱，但教子极严。

戚继光 12 岁时，有一天练武回到家中，见工匠们正在修理厅堂。一个工匠对他说：“你家世代做官，戚将军功名不小，照例该造一间 12 扇雕花窗的大花厅，现在你父亲只修一间 4 扇窗的厅，未免太节省了。”

戚继光听后对父亲说：“工匠说父亲官职不小，为什么不修造一间雕花窗的大厅呢？”

父亲摇了摇头说：“你小小年纪就贪慕虚荣，将来我这份产业到你手里怕保不住呢！你想想，工匠的话对不对？”

戚继光从小聪明，一下就明白了父亲话里的意思，回答说：“孩儿听从父亲教诲，实在不该听工匠的话。”

第二年，家中要给戚继光订亲。女方家中送来一双非常昂贵的绣鞋，戚继光见了这双鞋，翻来覆去看不够。母亲说：“看你这般喜爱，就拿去穿吧！”他穿上绣鞋走到父亲书房，高兴地问：“父亲，你看这双鞋漂亮吗？”父亲一见皱起眉头，严肃地说：“我上次为修大厅的事就对你说过，不要贪图享乐，你现在又犯了！一双绣鞋虽小，但如果你爱慕虚荣享受之心不改，将来当了将军不爱财不贪污才怪呢！”

戚继光听了红着脸，把绣鞋脱掉说：“孩儿知错，这双鞋我绝不再穿。”

几年后，戚继光成为一名文武双全的青年军官。这时父亲正埋头著一部兵书，有人劝戚景通晚年要多置买些田产好留给后代，他听了对继光说：“你知道父亲为什么给你取名继光吗？”

“要孩儿继承戚家军名，光耀门第。”

“继儿，我一生没有留给你多少产业，你不会感到遗憾吧！”

戚继光指着厅堂上父亲写的一副对联，“授产何若授业，片长薄技免饥寒；遗金不如遗经，处世做人真学问”，他读了一遍后说：“父亲从小教我读书习武，还教我怎样做一个品德高尚的人，这是给孩儿最宝贵的产业，孩儿从未想到贪图安逸和富贵。”戚景通听了心中十分宽慰，笑着对儿子说：“我这部兵书已经完成了，现在我要传给你。这是我一生的心血，将来你用它报效国家吧！”

戚继光跪在地上，双手接过这部《戚氏兵法》说：“孩儿一定研读这部兵法，不管将来遇到什么艰难险阻，我也不会丢弃父亲的一生心血。”

戚景通在72岁时患重病去世，戚继光接到噩耗从驻防地赶回家中奔丧。他在父亲坟上哭着说：“继光一定继承您的遗志，为国尽忠，赴汤蹈火，在所不辞！”

嘉靖三十四年（1555年），朝廷命戚继光为浙江都司，负责抗倭。他组织“戚家军”在6年中九战九捷，威震中外。他曾对人说：“我之能抗倭取胜，全靠我父亲在世的谆谆教诲啊！”

方观承千里探亲

父亲和爷爷天天在北国受苦，我们一天也等不下去了！

——方观承

在清朝乾隆年间，安徽桐城出了一位叫方观承的名士。方观承当过直隶总督，他为官清正，替百姓做好事，为治理黄河做出了很大贡献。

方观承小时候住在南京，他的祖父方登峰曾经当过朝廷里的工部主事，他的父亲方式济也考取过进士，当过内阁的中书。

没想到，有一年，祖父的朋友戴名世写了一本叫《南山集》的书，被朝廷看成是有反叛思想的禁书，把方观承的祖父和父亲，也牵连进去了。

方观承的祖父和父亲的官做不成了，家里的财产也被没收了，还被抓起来流放到黑龙江守卫边疆。

这时，方观承和他的哥哥年龄很小，罪犯家庭的子弟没人收留，一时间，门庭冷落，亲友们都装作不认识他们哥儿俩，与他们断绝了来往。

幸好，父亲和祖父做官时，和清凉山寺里的和尚是好朋友。和尚见兄弟俩可怜，就收留了他们。每天，兄弟俩只能吃点施主给和尚们的饭过日子，生活苦极了。

方观承哥俩过着这样苦的日子，仍然惦记着在北国被流放保卫边疆的父亲和祖父。

一天，方观承与哥哥找到老和尚。“长老，我们想到北国去看望父亲和祖父，二老在那里受苦，我们放心不下！”

老和尚十分感动，他看到孩子们还小，就劝阻说：“路途遥远，我又无力给你们凑那么多路费，怎么去呢？”方观承说：“我们都有两条腿，可以走着去！”“那可远得很哪！”老和尚说，“还是等你们大点了再去吧！”方观承说：“父亲和爷爷天天在北国受苦，我们一天也等不下去了！”

寺里的长老无法，只好给方观承弟兄俩凑了一点钱作为路费。弟兄俩辞别老和尚，离开了清凉山上路了。途中，尽管方观承和哥哥省吃俭用，还是很快就把那点钱用光了。但是哥俩并未因此怯步，而是艰难北行。饿了，就去敲沿途人家的大门，舍着脸跟人家要口饭吃。本来，他俩是当官人家的子弟，跟人家要饭吃，总是难以开口的。但是，肚子饿极了，只好壮着胆子对人家讲了实情。若碰到好人家，见他们可怜，又是去北方探亲，被他们这种孝顺长辈的精神所感动，就送给他们一些吃的。有时，碰到凶狠的人家，不但不给吃的，还唆使恶狗咬人。兄弟俩只好互相保护着逃到村外。饿得两眼昏花时，只好在庄稼地里随便挖点东西充饥。

千里征程，哥俩儿走得脚上磨出了血泡，血泡又变成了老茧。经过艰难跋涉，终于来到了北国军营，找到了在这里服役的祖父和父亲。亲人们相见，抱头痛哭。祖父和父亲万万没有想到两个孩子会来看望他们，内心得到极大的安慰。以后，他们兄弟俩每年都到北国去探望亲人。

方观承和哥哥千里探亲的故事后来被传为佳话。

谭嗣同临危救老

孝子之至，莫大乎尊亲；尊亲之至，莫大乎以天下养。

——孟子

甲午战争后，谭嗣同在浏阳创办《湘报》，成立学社，联合仁人志士积极宣传新学，探讨爱国真理，寻找救亡之法。他的才华被光绪皇帝赏识，不久被授予四品衔，与康有为、梁启超等人一起，成为光绪推行新政的心腹参谋。但新法一开始，就遭到以慈禧太后为首的顽固派的激烈反对，企图致维新派于死地。

1898 年 9 月 21 日，光绪帝被囚，百日维新宣告失败，清政府开始大肆搜捕维新志士，谭嗣同自然在劫难逃。当时，梁启超等人赶到谭嗣同住处对他说："留得青山在，不怕没柴烧，快跟我们一起到日本去暂避一时吧！"

"不!"谭嗣同斩钉截铁地说："各国变法无不以流血而成，今中国未闻有因变法而流血者，此国之所以不昌也，有之愿自嗣同开始!"说着，他拉着梁启超的手说："你们快走吧，多多保重，将来变法要靠你们了!"

梁启超等人离京以后，北京城内乌云密布，眼看一场风暴将至。谭嗣同早已将个人的安危置之度外，但他知道清政府一贯厉行"一人犯法，累及家庭"的株连法，想到自己被捕后即将累及70多岁的父亲，他心如刀割。

忽然，他心里一亮，转身走到书桌前取出信笺秉笔直书：

复生：你大逆不道，屡违父训，妄言维新，狂行变法，有悖国法家规，故而断绝父子情缘。倘若予以不信，愿此信作为凭证，尔后逆子伏法量刑，皆与吾无关。谭继洵白

谭嗣同在模拟父亲的笔迹伪造了这封家书后，长长地吐了一口气。他将信笺折好放进抽屉后，走到窗前，对着窗外自语："父亲，孩儿有难，决不牵累您老人家，母亲生前重托，我也决不会忘记!"

原来，谭嗣同12岁那年，他母亲和姐兄3人均病殁于一场瘟疫。母亲临死前对他说："你父亲脾气倔强，我死后你要好生顺着他，照顾他。"母亲死后不久，谭嗣同也感染瘟疫，一连三日发高烧，父亲到处求医给他治病，日夜在旁守护，终于使他逃脱了死神……

第二天，一队清兵冲进浏阳会馆来抓谭嗣同，还四处搜寻书房里的"罪证"。这时，谭嗣同看到书桌里的那封伪造父亲笔迹的信被清兵搜出交到一名太监手里，他想这下父亲有救了。

1896年9月28日下午，北京宣武门外菜市口大街刑场上发出震撼天地的疾呼："有心杀贼，无力回天，死得其所，快哉快哉!"

谭嗣同英勇就义。谭嗣同的父亲因有"家书"，故免于治罪。

许世友敬老四跪

岁月给母亲忧愁，但未使她的爱减去半分。

——华兹华斯

1905年2月28日，一代名将许世友诞生在河南省新县的许家洼。

许世友13岁那年，父亲许存仁在贫病交加中离开了人世。父亲临终前把母亲叫到床边，指着最小的女儿说："为了全家十几张嘴，就把幺妹送人吧，也好换来几个活命钱……"

几天后的一个中午，两个人贩子拿着5块大洋来领幺妹，恰好被刚从田里回来的许世友碰上。当他弄清怎么回事之后，一把从人贩子手里拉回幺妹，然后"扑通"一声跪在娘面前，哭着说："娘，幺妹还小，不能把她送进火坑啊，俺姊弟8人中要是一定要卖一个的话，那就卖我吧！"儿子的话犹如一把利剑穿进母亲的心，许母流着眼泪，拉起跪在地上的许世友，悲伤地说："孩子，起来吧，娘向你保证，以后就是饿死，全家人也要死在一块儿！"

1926年，许世友参加了革命，后来，又参加了黄麻起义，许世友成了"清乡团"搜捕的主要对象。"抓不住许世友，就拿他母亲是问！""清乡团"的头目高喊着。他们捆绑起许母，逼问许世友的下落，许母咬紧牙，一个字不说。匪首恼羞成怒，皮鞭雨点般地抽在许母的身上、脸上。许世友听说母亲被抓，顿时怒火中烧。他掏出笔，刷刷写了几行字，令人送给"清乡团"头目李静轩。李看完落款为"炮队队长许世友"的短信，知道许世友就在附近，顿时吓得脸色苍白，暗中把许母释放了。许世友惦念母亲，连夜赶回去探望。未及问候，他先双膝下跪道："娘，不孝的儿子让您受苦了。"深明大义的母亲抚摸着儿子的头，平静地说："孩子，不要哭了，娘虽不懂什么，却知道你干的是救穷人的好事，娘不拦你。"

许世友来不及多说，匆匆告别母亲，踏上了征程。一次，部队在战斗结束后进行整编，整编的地点离许家洼不算太远。领导对许世友说："你该回去看看大妈和你的媳妇，还有你那未见面的小伢子。"

许世友来到家门口，顿时呆住了：五六间房屋已被烧光，残垣断壁间，搭起了两座低矮的草棚。许世友抓住母亲的手，哽咽着说："娘，您老人家受苦了！"说着，便跪在母亲脚下。

母亲拉起儿子的手，像小时候一样为他擦去眼泪，只字不提自己的苦。

1932年的一天晚上，许世友率部队在离许家洼不远的西张店村扎营。许世友得以再次回家探亲。母亲与儿子面对面地坐着，儿子关切地询问母亲的身体情况，母亲则急切地想知道儿子在部队的情况。许世友像个听话的小学生，扳着指头向母亲细数了几年的情况。

天快亮的时候，许世友来到母亲床前，轻轻地喊道："娘，我该走了，您老就不用起来了。"母亲披衣下床，把一手巾兜鸡蛋塞到许世友手里："儿啊，娘下半夜就把鸡蛋给你煮好了，带着路上吃。""娘，我年轻力壮的，用不上这个，还是留着给娘补补身子吧！"许世友把鸡蛋塞到母亲手里。母亲不由分说，解开儿子的衣扣，把鸡蛋塞进儿子怀里，重新把扣子扣好。儿子要走了，母亲为儿子拉拉领角，拽拽袖口，又把手伸到儿子袖筒里摸摸棉袄的厚薄。此时无声胜有声，许世友再也忍不住了，眼泪扑簌簌掉下来。透过泪眼，望着母亲那满头的白发，再想想母亲的孤单和艰难，许世友禁不住哭出声来："娘，做儿的不孝，让你独自一个人在家受苦，我读过私塾，懂得应该孝敬父母，但是……"许世友难过得低下了头。"孩子，娘不怪你，娘虽然不识字，可娘懂得，大丈夫尽忠不能尽孝，娘愿意让你去尽忠。尽孝只为我一个人，尽忠是为咱普天下的穷人哪！等打跑了白狗子，还怕没有好日子过？"母亲说完，便催他上路。

母亲的深明大义越发令儿子心里难过，在即将迈出大门的时候，许世友忽然转过身，流着泪喊道："娘啊，儿这一走也不知什么时候才能回来，您老就受儿一拜吧！"说着便跪在地上，像是对母亲说话，又像是对天发誓："我许世友活着不能伺候娘，死后也要埋在娘的身边，日日夜夜陪伴娘。"说完，站起来为母亲擦去眼泪，理理头发，然后转过身，头也不回地走了。

冯玉祥敬老故事

> 慈母手中线，游子身上衣。
>
> ——孟郊

爱国将领冯玉祥出身贫寒，父亲是军队里一名下级军官，母亲早逝。他从小只读了几个月的私塾。10多岁时，他父亲营里有了一个缺额，父亲的朋友为了照顾他家的困难，就叫玉祥去顶替。从此，他就当上了兵。

有一次，父亲骑马去营上报到，因结冰路滑，从马背上重重地跌下来，右腿划了一道一寸多深的伤口，感染化脓，不能走动。当他养好伤去兵营销假时，才知道自己已被兵营裁掉了。父亲失业，生活的重担都压在冯玉祥肩上。

瞄靶射击是很辛苦的训练。清晨，冯玉祥每次离家外出打靶时，父亲总是把他喊住，“玉祥，给你6个钱买个烧饼揣在怀里，饿时吃了。”

“我不饿，不要钱。”玉祥总是推辞着。

“打靶时间长，来回要走二三十里地，怎么不饿？你正长身体，快拿着！”

冯玉祥望着父亲干瘪的脸，接过了钱。

他走在路上，一面走，一面想着，父亲病后尽吃杂粮、白菜，这点钱是父亲从牙缝里省出来的，他多么喜欢吃肉啊！冯玉祥想了又想，怎么着也不忍心把钱花掉，决计把它留下。

一天傍晚，父亲从外面回来，一跨进家门，就闻到一股肉香，看到桌上一碗炖肉，不禁问道：“从哪里弄来的炖肉？”“您老人家只管吃好了！”冯玉祥站在桌旁，低着头轻轻地回答。“从哪里弄来的炖肉？”父亲看到玉祥吞吞吐吐，越发非问个清楚不可。冯玉祥只好讲清了原委，“每次打靶，营里规定每人领50条火药，打满10响就达到标准，余下的火药条可以卖钱，我每次都有积余，一个月也可积几十个，加上您每次给我的，凑起来就够买肉了。”

冯玉祥看了父亲一眼，继续说：“知道您老人家喜欢吃炖肉，今天我特地上铺子秤了2斤肉，想让您高兴高兴，也给您补补身子。”

父亲听着，顿时心酸，泪水不住地往下流。此时此刻的情景，永远地留在了冯玉祥的记忆里。20年后，他想起此事，欣然拾笔，写下一首打油诗：

肥肉二斤买回家，亲自炖熟奉吾父。家贫得肉食非易，老父食之儿蹈舞。

鲁迅敬老

感恩即是灵魂上的健康。

——尼采

鲁迅的母亲是一位饱受痛苦的女性。31岁时，她唯一的爱女端姑病死。37岁时，丈夫又一病不起，到她39岁时，丈夫亡故。从此，她陷入悲哀与困苦之中。社会的黑暗，家境的败落，使鲁迅饱尝了世态的炎凉。处在长子长孙的地位，又使鲁迅从少年起就分担了母亲的重担。鲁迅曾对人说：“阿娘是苦过来的！”因此，他一生对母亲都极为恭顺、孝敬。

鲁迅有一个突出的特点，就是心口如一，从不违心地屈从别人。但是在家庭中他对母亲却妥协过。鲁迅在20多岁时，母亲做主给他定了亲，并于1906年夏天把他从日本召回来，逼他结婚。鲁迅对这桩包办婚姻虽极为不满，但又不愿刺痛母亲屡遭创伤的心，于是只好屈从母亲。鲁迅曾说：“当时正处在革命时代，以为自己死无定期，母亲愿意有个人陪伴，也就随她去了。”

鲁迅工作以后，首先在生活上给母亲以关心和照顾，尽量使母亲过得舒适、安乐一些。他在北京与母亲同住期间，虽然工作忙，时间紧，但为了不让母亲感到寂寞，每天晚饭后都要到母亲房间与她聊天。平时，鲁迅在出门之前，总要先到母亲屋里转一转，说声："阿娘，我出去哉!"回来后，也一定跟母亲说声："阿娘，我回来哉!"还时常带回些母亲喜欢吃的小食品。

鲁迅不但让母亲饮食可口，而且也尽量让母亲住得舒服。经济上并不宽裕的他，向别人借钱，在西三条胡同买了一所住宅。后来，他对许广平说："西三条的房子是买来安慰母亲的，绍兴老房子卖了，买了八道弯的房子。她一向是住惯了自己的房子，如果忽然租房子住，她会很不舒服的。"

母亲有时身体不适，鲁迅总是亲自陪着到医院诊治，亲自挂号、取药。后来，他因工作需要离京南下，每月按时给母亲百元生活费，从不短缺。

除物质生活外，鲁迅在精神生活上对母亲也是体贴入微，关心备至的。《西厢记》、《镜花缘》等优秀绣像小说，多半是根据母亲的爱好买来的，用以满足老人对文化生活的需要。

鲁迅的好朋友许寿裳曾经说过："鲁迅的伟大，不但在其创作上可以见到，就是对待其母亲起居饮食、琐屑言行之中，也可以见到他伟大的典范。"

茅以升尊老设立奖学金

弘扬孜孜以求、诲人不倦的精神，就是对老人70寿辰的最好的祝贺。

——茅以升

茅以升（1896—1989），中国桥梁学家、土木工程学家、教育家、社会活动家，字唐臣，江苏镇江人。先世经商，祖父茅谦为举人，思想进步，倾向革命，曾创办《南洋官报》，是镇江市的名士。茅以升出生不久，全家迁居南京。30年代，茅以升在钱塘江大桥工程技术上的成就曾令国外同行对中国的桥梁建筑工程师刮目相看。50年代，在武汉长江大桥建设过程中，茅以升担任由中外专家组成的技术顾问委员会的主任，解决了武汉长江大桥建设中的14个难题。1979年应邀访问卡利基—梅隆大学母校时，校长授予他“卓越校友”奖章，以表彰他对世界工程技术方面作出的贡献。1982年被美国国家科学院授予外籍院士称号。1933年领导设计、修建杭州钱塘江大桥，这是我国第一座由中国人自己设计建造的铁路公路两用桥。

一天，在茅以升家里，兄弟几人聚在一起，商量如何庆祝母亲70岁生日。

哥哥说：“母亲爱子胜于爱自己，她发现我们有不良倾向时，总是耐心开导，从不暴躁训斥。现在我们学有成就，能报效祖国，得感谢她老人家的养育之恩。我们兄弟几家合在一起为母亲祝寿吧！”

弟弟说：“母亲为了儿子们的成长操劳了一辈子，我们在家乡建造一座花园小楼，让母亲过个幸福的晚年。”

茅以升一言不发，沉浸在幸福又心酸的回忆里。他想起童年时代家中的一场大火，那是多么可怕的夜晚啊！屋里燃起熊熊烈火，浓烟、火舌夺门而出。母亲为救孩子，一次又一次地冲进火海……兄弟几人终于脱险了，母亲的脸上却留下了深深的疤痕。

15岁那年，茅以升考进唐山路矿学堂。进校3个月，辛亥革命推翻了清政府，他和同学们想弃学从军。他写信给母亲，希望得到母亲的支持。

母亲回信说：“你想参军报国，想法可嘉。但你年纪还小，知识不多，就是一心想为国出力，也没多大本事。应安下心来，继续读书为好。”

茅以升接受母亲的劝导，留在学校发奋读书。1912年秋天，孙中山先生去唐山路矿学堂视察，勉励学生学好本领，为国效劳。听了孙中山的讲话，茅以升回忆起母亲的叮咛，立志做个有真才实学的人。在唐山5年的学习中，几乎每次考试他的成绩都是全班第一。他好学的精神使全校同学十分钦佩。他的理解力和记忆力也是全校闻名的，不仅能背出圆周率小数点后几十位数字，还能背出化学元素周期表。

茅以升说：“我们兄弟几人能够学有成就，全靠第一任教师——母亲。

我们大力弘扬母亲孜孜以求、诲人不倦的精神，就是对老人70寿辰的最好的祝贺。”

他站起来，继续说道：“我建议以母亲的名字设立‘石渠奖学金’，奖励研究土木工程力学的优秀学员。”茅以升的主张得到弟兄们的赞同，大家捐款在唐山工程学院设立了“石渠奖学金”。人们敬佩茅以升兄弟对长辈的尊敬，也夸奖他们母子两代人对科学的贡献。

汤飞凡送饭

母亲不在了，我们一定不能让父亲饿着。

——汤飞凡

1981年5月11日。国际沙眼防治组织在巴黎举行的一次会议上，把一枚金质奖章授予世界上第一个分离出沙眼病毒的中国微生物学家汤飞凡。可惜，汤飞凡早已不在人世了，没有见到这枚奖章。

汤飞凡1897年出生在湖南省醴陵县的一个偏僻的乡镇。他的父亲是一位正直和善的农村知识分子，母亲是一位贤惠、勤劳的家庭妇女。

飞凡家里很穷，全家靠父亲当乡间私塾的先生过日子，没有别的收入。飞凡从小就很懂事，从不惹父母生气，有空儿就跟父亲学习写字，一写就写好几篇，读书不到背熟了不停止。

家里的日子太苦了，为了节省开支，母亲每天把午饭做好后，让孩子们把饭送到学堂。这样，父亲既用不着来回跑路，又节省了家里的开支。

飞凡在几个孩子当中，是往学堂里给父亲送饭最多的一个。他把饭送到学校后，父亲要留他在学堂里一起吃饭，因为母亲经常在给父亲的饭里放一只鸡蛋，或者放些蒸咸肉。飞凡为了让父亲有一副好身子骨，不肯与父亲同吃，他坚持回家，跟母亲和兄弟姐妹们吃糙米饭和腌菜叶。

飞凡的母亲在操持家务之余，很注意对孩子们的教育和培养。她忙完了家务，晚上在灯下教孩子们识字，有时还给他们讲古代英雄豪杰的故事。母亲是飞凡最敬重的人，他经常帮助母亲担水、洗菜、做饭，给劳累不堪的母亲减轻了不少负担。

天有不测风云，人有旦夕祸福，小飞凡做梦也没有想到，像母亲这样好的人竟染上了病。母亲病得很厉害，乡间缺医少药，飞凡刚刚进入少年时代，母亲就离开了人世。

母亲的死使飞凡家失去了一个主心骨。善良的父亲遭受了这一打击之后，过早地苍老了。他家的日子更加艰难了。

母亲的病故是小飞凡在人生道路上遇到的一个严重打击。几个孩子在房间里望着外屋发愣的父亲，心里都很难过。小飞凡和弟兄们商量说："母亲不在了，父亲每天中午吃饭都成了问题，我们一定不能让父亲饿着……"

弟兄们都同意飞凡的主意。

第二天将近中午的时候，父亲正在上课，突然发现在学堂里读书的小飞凡不见了，感到很纳闷儿。当他讲完了课，穿起外衣正准备赶回家去为孩子们做饭的时候，房门突然开了，是小飞凡提着一个篮子赶来了。他见了父亲笑着说："父亲，我给您送饭来了，快趁热吃！"

一切全明白了，小飞凡是在最后一节课回家给父亲做饭去了。父亲一下子严肃起来："你的学业可不能荒废呀！"

飞凡说："我们都商量好了，每天中午轮流回家做饭，落下的课，晚上补，有不明白的，再问您，这样行吗？"

孩子们把今后的日子竟安排得这么周到，父亲还能说什么呢？再说，如果不用这个办法，又怎么解决中午吃饭的问题呢？

父亲打开盛饭的篮子，照例，碗中有一个腌鸡蛋，几块咸肉，一切和妻子在世时的一样。

小飞凡向父亲告辞，跑回家去吃饭。

望着小飞凡远去的背影，父亲的眼眶流出了眼泪。

郑作新不忘教诲

我要做一只精卫鸟，一往无前，百折不挠。

——郑作新

郑作新是世界雉类协会会长、著名的鸟类专家。是他，首先明确指出原鸡是中国家鸡的祖先；是他，首先发现了“郑氏白鹇”；还是他，在小麻雀被确认为“四害”之一时，勇敢地担任了麻雀的“辩护律师”，为麻雀翻了案……郑作新像一只不知疲倦的鸟，在祖国大地上飞翔了一辈子，为鸟类写了一部完整的“家谱”。

郑作新1906年11月18日出生于福州市的南郊，他童年的生活十分悲惨。在他还只有5岁的时候，母亲就因病去世了，作新的父亲为了养家，一年到头在外面奔波。

家中，抚养小作新的重担落在奶奶身上。孤苦伶仃的郑作新和奶奶相依为命。奶奶特别疼爱作新，生怕这个失去母爱的孩子受委屈。小作新也特别孝敬他的奶奶，从不惹奶奶生气。

晚上，奶奶经常一边在灯下做针线活，一边给作新讲故事。奶奶虽然识字不多，可是很会讲故事，有些故事，小作新不知听了多少遍，可他从不厌烦。其中。他最爱听的要数“精卫填海”的故事了。

一天，奶奶一边做活儿，一边又给他讲起了这个故事，小作新听得入了迷。他眼里噙着泪花，对奶奶说：“长大了，我也要做一只精卫鸟！”

“对喽！”奶奶一边穿针引线，一边对作新说，“不论做什么事，都要像精卫鸟那样一往无前，百折不挠！”作新郑重地点点头。他见奶奶眼睛昏花，怎么也引不上针，就从奶奶手里接过针线，帮助奶奶引上了针。

从此，作新变了，无论做什么事，不做好决不罢休。做作业时，做不完绝不出去玩耍；帮奶奶往缸里打水，不将水缸灌满绝不休息；帮奶奶舂米，不把所有的米壳舂掉绝不住手……

奶奶挺喜欢作新这股子劲。不过，有一天，作新这股子犟劲儿确实让奶奶着了一通急！

原来，作新听说福州东边有一座鼓山，鼓山上有个老虎洞，洞里有老虎，老虎洞附近的人们听到过老虎的叫声……

为了探个究竟，作新和几个伙伴组织了一支小小的探险队进山了，他们要搞清老虎洞里有没有老虎。

不料，山陡路远，有的小朋友半路打了退堂鼓，从山里折回来了。这些孩子迎面碰上了作新的奶奶，奶奶听说作新和另一个孩子进山到老虎洞去了，惊得半晌说不出话，生怕作新发生什么意外。

直到日落黄昏的时候，奶奶才看到作新和另一个孩子的身影，他俩终于回来了。作新一见奶奶就高兴地说：“奶奶，搞清楚了，老虎洞里根本没有老虎！是风吹洞口发出的吼声！”

奶奶责怪地说：“你们为什么偏要去那里呢？”

“我是昕奶奶的话，向精卫鸟学习呀！”

“听我的话？”奶奶不解地问。

“是呀！您不是说，让我像精卫鸟那样，干什么事都要一往无前，百折不挠吗？”

奶奶赞许地笑了。后来，郑作新经过不懈努力，成为国内外知名的鸟类专家。

冼星海的敬老情

父不慈则子不孝；兄不友则弟不恭；夫不义则妇不顺也。

——（南北朝）颜之推

1905年6月13日，人民音乐家冼星海出生在澳门一个贫苦渔民的家庭里。出生的当晚，星斗满天，星光灿烂，母亲因此给他取名星海。

冼星海出生不久，父亲便在贫困中去世。孤苦伶仃的母亲，靠勤劳的双手，以针线缝补、浆洗、杂活等，勉强维持生活。年幼的冼星海深深地尝到了人间的疾苦。

冼星海的母亲是一位善唱渔歌、民歌的农家歌手，丈夫去世后，她把一切希望和爱抚寄托在儿子身上，经常不断地哼唱渔歌、民歌给他听。少年的冼星海单靠记忆就能背唱出母亲教他的上百首歌谣。可以说，冼星海的第一位音乐老师就是他的母亲。他能成为伟大的音乐家，是与母亲的巨大影响分不开的。

在法国求学的6年里，冼星海每时每刻都思念着母亲。他受尽了人间的苦难，几次饿昏，有一次还差一点就被送进存尸房。在生死线上苦苦挣扎的冼星海，就是凭借着母亲的告诫和对母亲的思念活过来的。

1935年夏天，冼星海回到了久别的祖国，回到了母亲的怀抱。富有孝心的冼星海用第一个月领到的工资给母亲做了一套衣服，母亲流下了幸福的热泪。

抗日战争爆发后，冼星海毅然参加了抗日救亡运动。母亲没有挽留刚刚归来的儿子，而是积极支持鼓励他。

冼星海来到延安，艰苦困难的生活把他的意志磨炼得更加坚强，他的思想境界也达到了一个新的高度，创作出许多震惊世纪的不朽乐章，有《黄河大合唱》《在太行山上》《到敌人后方去》和歌剧《军民进行曲》等上百部作品。他对母亲的思念也更为强烈，在给母亲的信中他写道："要把最伟大的爱，贡献给国家，把最宝贵的时光和精力投人到民族解放的斗争中去。"冼星海把对母亲的爱和孝升华到了一个崇高的境界。

才旦卓玛尊老敬老

不应该说我怎么尊敬老师，而应该说王老师是怎样关心、爱护我。

——才旦卓玛

才旦卓玛是藏族民歌手，女高音歌唱家，国家一级演员。西藏日喀则人，藏族，大专文化。1961 年 4 月加入中国共产党。1956 年 11 月至 1957 年 8 月，在西藏日喀则文工团当学员。1957 年 8 月至 12 月，在西藏公学预科学习。1958 年底到上海音乐学院声乐系学习，从师著名声乐教育家王品素教授。1964 年毕业，历任西藏自治区歌舞团演员、团长，中国音协主席，西藏文联主席，中国文联第五届全委会执行副主席，中国文联第六届全委会副主席，西藏自治区第四、五、六、七届政协副主席，是第五届全国人大常委、第六届全国人大代表，第四、七、八、九届全国政协委员。

她曾参加音乐舞蹈史诗《东方红》的演出。演唱的主要歌曲有《翻身农奴把歌唱》《唱支山歌给党听》《北京的金山上》《阿玛列洪》《酒歌》《我们在相聚》等。录制有唱片《美丽的西藏，可爱的家乡》。

1980 年冬天，她去上海演出。一到住地，她就急着要回家看“妈妈”。这可把大家弄糊涂了，她的丈夫和女儿都在拉萨，怎么会在上海还有个家？她的母亲已经去世了，怎么还有个妈妈？

才旦卓玛笑了，说：“你们不知道，我还有个汉族‘妈妈’，她就是王素品老师。”

王素品是上海音乐学院的教授。才旦卓玛从 1959 年到 1964 年，一直跟王老师学习声乐，师生之间建立了深厚的友谊。她把王老师当作自己的汉族“妈妈”，只要出差到上海，第一件事就是去探望王老师。才旦卓玛时时想念着自己的老师。当听说王老师血压高时，她心急如焚，千方百计地搞来治病用的天麻，一个一个地洗净，一片一片地切开，再用线串起来晒干，寄给千里之外的王老师。

王老师收到邮包后，十分激动。她担心这样会影响才旦卓玛的工作和休息，就一再回信嘱咐她不要再寄药了。可是，邮包还是不断地从遥远的西藏寄来。

当时，才旦卓玛演唱的《唱支山歌给党听》《北京的金山上》《翻身农奴把歌唱》等歌曲，已经传遍各地，深受群众的喜爱。她还多次出国演出，获得很高的声誉。但她从来也没有忘记她是王老师的学生。每一次来上海，她像在学校时一样，站在钢琴旁，一首歌一首歌地唱给王老师听，向老师虚心求教。有时，王老师指出她演唱的不足，她就反复唱几十遍。师生俩常常这样练到深夜。

有人曾经问才旦卓玛："你为什么这样尊敬你的老师？"她坦诚地笑着，连连摆手说："不应该说我怎么尊敬老师，而应该说王老师是怎样关心、爱护我。我在学校里唱的那些歌，都是王老师一字一句地教出来的。在生活上，她又象母亲一样关怀着我。我的每一点儿进步都凝聚着王老师的心血。你们说，我应该怎样感谢这位汉族'妈妈'！"

尊师好学

子贡颂师

一日之师，终生为父。

——关汉卿

子贡，姓端木，名赐，是春秋末期思想家、教育家，孔子的学生。他很尊重孔子。

子贡出生于富商家庭，据说他常常高车驷马游历各国，和国君接触，宣传他的老师，使孔子名扬各国。

一次，子贡到齐国去作客，齐景公接见了他。在谈话中，齐景公问子贡：“先生，您的老师是谁？”

子贡回答说；“我的老师是鲁国的仲尼。”

齐景公又问：“孔仲尼是个贤明的人吗？”

子贡回答说：“他是当代的圣人啊！岂止是个贤明的人呢！”

齐景公笑嘻嘻地说：“他是怎么个‘圣’法呢？”

子贡说：“这个我也不知道。”

齐景公脸上变了颜色，说：“刚才你说他是‘圣’人，现在又说不知道，这是怎么一回事呢？”

子贡回答说：“这也没什么奇怪的。打个比方说，我一辈子都头顶着青天，但我却不知道天有多么高；我一辈子都踩着大地，但我却不知道地有多么厚。我跟着孔子学习，就像渴了的人拿着水壶到江河灌水一样，喝满了肚子就走开，怎么能知道江河有多么深多么大呢？”

齐景公说：“先生您夸老师仲尼，有些过火了吧？”

子贡回答说：“我哪敢言过其辞呢？我觉得还没说到实处。我夸仲尼，就像两只手捧着一捧土加到泰山上，很明显，泰山不会因此而增高；假使我不夸仲尼，就好像捧走泰山上的一捧土，很明显，泰山也不会因此而降低。”

齐景公听完子贡的话，深表敬佩地说：“先生你说得对，确实是这样啊！”

子贡敬师尊老的故事，一直为后人所传颂。

颜回尊重老师

颜渊独知孔子圣也。

——《论衡·讲瑞》

颜回，春秋末年鲁国人，字子渊，一作颜渊。他天资聪颖，敏而好学，是孔子的最好学生，他以跟孔子学习为最大的快乐。

颜回随孔子周游列国。他们在去陈国和蔡国的路上被困住了，一连七天没吃上一口饭，两人饿得都受不了了。

孔子只好白天躺着睡觉，借以忘却饥饿。颜回见老师饿得渐渐消瘦下去，心里十分忧伤。他想，我这样的年轻人或许还能熬上一些日子，但老师上了年纪，怎能经得起饥饿的折磨呢？万一路上有个三长两短可怎么办呢？他决定想办法去弄点吃的来。他没想出什么好办法，只好去向人乞讨。他看见一位老婆婆，希望能帮助他们。这一次真巧，好心肠的老婆婆居然给了他一些白米。

颜回高高兴兴地把米拿回来。心想，这回老师可以吃上一顿饱饭了。

他连忙把米倒在锅里，砍柴生火，不一会把饭做熟了。

这时，老师也正好睡醒，突然闻到了一阵扑鼻的饭香。他十分奇怪，哪来的饭香呢？他连忙起身出来探望。没想到，刚一跨出房门，看见颜回正从锅里抓一把米饭往嘴里送。老师既高兴又生气，高兴的是终于有饭吃了，生气的是学生怎能这般无礼，老师还没动口吃，他却抢先一个人吃了起来，这成何体统？

过了一会，学生端了一碗热腾腾、香喷喷的白饭送到孔子面前，说道："今天幸好遇到一位热心肠的老婆婆，送给我们一些白米，现在饭已做好了，请老师先吃吧！"孔子很不高兴，一下子站了起来，说道："刚才我睡觉时做了一个梦，梦到去世的父亲，让我先用这碗洁白的米饭去祭奠他老人家。"

颜回一听，忙夺下那碗饭，连连说道："不可，不可！这米饭不干净，不能用来祭奠！"

孔子故作不解地问："你为什么说这饭不干净呢？"

颜回答道："方才煮饭时，不小心将一块炭灰掉在饭上面，我感到为难，倒掉吧，太可惜了，不倒掉吧，又不能把弄脏了的饭给老师吃呀！后来，我自己把沾了炭灰的米饭抓来吃了。所以，这掉过炭灰的饭是不能用来祭奠的。"

孔子听后，恍然大悟。他激动地拉着颜回的手说："颜回呀！你真是一位贤德的人啊！方才我真糊涂啊！"

秦始皇拜荆条

> 见了这荆条，如见恩师，焉能不拜。
>
> ——秦始皇

秦始皇（前259—前210），中国历史上第一个大一统王朝——秦王朝的开国皇帝。姓赵氏，名政，秦庄襄王之子。公元前221年，他打败了称雄的其余六国，建立了中国历史上第一个统一的中央集权的封建国家。

公元前215年的一个秋天，秦始皇乘着车，在文武百官的护卫下，浩浩荡荡地从碣石向东北进发，这是他实现统一大业后的第四次出巡。

随着细碎的马蹄声，秦始皇沉浸在思索中。他想起了自己的幼年的老师，令人难忘。那位严厉的老人，第一次讲课讲的就是舜赐给嬴家的姓。老师先讲亡、口、月、女、凡，然后再合成一个字，这便是“嬴”字。第二天就要学生背，要写下来。

“老师，太难了。”他随口说出。

“什么？一个嬴字就太难了？将来秦国要靠你去治理，能见难而不进吗？”老师举起荆条棍。

后来，这位可敬的严师去世了。……

突然，车马停下了。前卫官来到秦始皇车前奏道：“仙岛不远了，请万岁乘马前行。”

于是，秦始皇又改乘有金佩饰的白马，行不多时便来到岛上。他环视渤海，豪情满怀。他低头看着马前，忽然下了马，撩衣跪拜。

随行文武百官不知是怎么回事，也只好跟着参拜。

等秦始皇起来，李斯才问为何参拜？

秦始皇深情地说：“众位爱卿，此岛所生荆条，正是朕在邯郸时老师所用的荆条，见了这荆条，如见恩师，焉能不拜？”

众人无不赞佩。后人把这个岛改称为秦皇岛。

礼震才请求替师受刑

> 事师之犹事父也。
>
> ——《吕氏春秋》

欧阳歙是西汉初年著名的学者，其先祖为欧阳生。

秦王嬴政统一六国后，建立起专制主义的中央集权政治制度，为了箝制人们的思想，曾焚书坑儒。博士伏生冒杀头之祸，把《尚书》保存下来，并把《尚书》又传给了欧阳生。

欧阳生把《尚书》传给他的子孙。传到第 8 代是欧阳歙，并形成了欧阳“尚书派”。由于这一派得到伏生的真传，在社会上很有地位，拜欧阳歙为师的有千人之多。

欧阳歙学识渊博，为人忠诚老实。对学生呕心沥血，循循善诱，非常受学生的爱戴。但发生了一件不幸的事儿，欧阳歙获罪下了监狱。他的学生听说了，纷纷到洛阳皇宫门前请愿，有时多到千人。可是朝廷却视而不见，就是不放人。

平原郡有个青年叫礼震才，听说老师被判处了死刑，非常难过。连夜赴京师。走到半途，他让人用绳子把自己捆起来，托人把他送到洛阳监狱，坚决要求自己替老师受刑。监狱看守说：“从古到今还没见过这种事，我们不敢作主。”这样他就给皇帝上书，要求替师受刑。他的奏稿这样写道：“我的老师欧阳歙是学界宗师，世传八代博士。他的儿子年纪尚小，尚不能继承欧阳博士的学业。博士死后，《欧阳尚书》将失传。如果这样，陛下岂不是背上了杀戮贤臣的罪名，而学界从此也将失去最好的导师，这将是学界无法弥补的损失。我恳请陛下能允许我顶替欧阳老师的死罪……”

可惜表章呈上后，待批期间，欧阳歙就病死在狱中了。礼震才坚决要求替师受刑，却传为千古佳话。

云敞尊老葬师

> 仁远乎哉？我欲仁，斯仁至矣。
>
> ——孔子

汉朝云敞，字幼儒，平陵人，他师从一代名儒吴章，对老师非常尊敬。吴章是《尚书经》的博士，追随他求学的学生达一千多人。

西汉末年王莽专政，引起全国上下的不满。王莽横征暴敛，刑罚严苛，给百姓摊派了繁重的赋税和徭役。他毒死汉平帝，自称帝王，他滥加封赏，又不断挑起对匈奴地区、以及东北西南各族的战争。人们对他的不满情绪日渐高涨。

王莽篡政，逼令汉朝皇帝的母亲以及皇后外家留住中山，不得到京师来面见皇上。王莽的长子王宇深表不平。想到孔子所说的“为仁由己，而由人乎哉”，王宇决定挺身而出，仗义执言。他去向他的老师吴章求教，商讨如何能够遏止王莽的种种恶行。吴章认为，王莽此时怙恶不悛，一意孤行，而且又大权在握，他是无法听得进任何人的规劝的。他做事狠戾凶残，不循从道德良心做事，而且又喜欢装神弄鬼，对鬼神灵异的那些神神怪怪的说法深信不疑。所以不如就顺水推舟，搞一些鬼怪的神异事件来吓唬吓唬他。再套用那些歪理邪说，说明他已经众叛亲离，天怒人怨，连上天都将要降下大祸于他，从而逼他退位，永绝后患。王宇觉得这个办法很好，于是就派吕宽提着一桶血，在半夜三更四下无人的时候，把红惨惨的血水泼洒在王莽的大门上。仿佛是鬼神留下的诰谕，希望他迷途知返，不要再为非作歹、滥杀无辜。

然而吕宽的行为，却被守夜的门卫查知，事情很快就败露了。丧尽天良的王莽，不但亲手害死了自己的儿子，而且对怀有身孕的儿媳，也痛下了毒手。不但如此，王莽还诛杀了皇后的娘家卫氏家族的族人，并借机铲除异己。在这次事变中，被无辜害死的人达一百多人。身为儒林领袖，吴章为他常怀于心的道德节义，用生命的代价，写下了最为重要的一笔，他威而不屈坦然就义，最终被王莽下令施以酷刑。残忍至极的王莽派人将他的肢体一节一节地割下，腰斩于东市门外。

读书人敢为天下先的志节，正是吴章对奉持一生的儒家之道，所作出的美壮绝伦诗篇般的注解。吴章是一代大儒，追随他的弟子达一千余人之多，王莽认为他们全都是同党同伙的恶人，要全都禁锢关押起来，其中更不允许有任何人留在朝廷中做官。谁都清楚王莽的作派，连自己亲生儿子都敢痛下毒手的人，还有什么事情做不出来！为了躲避突如其来的横祸，也为了继续保有仕途上的光明前程，吴章的学生们开始在朝野中，公然宣称自己不是吴章的学生，而早已师从其他某某人，早就不在吴章门下了。当时云敞官居大司徒掾，老师的惨死使他悲伤欲绝。每每想起老师深切的爱护和不倦的教导，那师徒间如父子般至亲至爱的天伦之情，和老师那道义浩然的举手投足、一言一动，不住地在他的脑海中盘旋荡漾。老师终其一生守仁守义直到尽处，他笃行不怠的言传身教，长远地活在了学生的心中，纵使历经岁月流逝也永远都不会消失。

云敞决心挺身而出，为最为敬爱的老师，谨守为人学生的一点微不足道的情义。当时正值风雨飘摇、局势动荡的剑拔弩张之时，云敞一路哭号跪拜着来到老师体无完肤的尸首前，肝肠欲碎。他大呼着自己就是吴章的学生，他悲切的哭声蕴含着对老师至深的追念，他将老师的尸首一块一块小心翼翼地包好，护在自己的怀中，泣不成声地哭号着回去。他不畏惧天下人都知道他是吴章的学生，他不畏惧自此而后他就是冲在最前方的恶党与罪魁，他只知道老师坚守仁义直到尽处，而他自己终生实践的正是老师最深切的教诲。云敞公然按照师礼把老师的尸首敛棺而葬，他悲切的哀号之声倾动了朝野，使整个京师的人都为之瞩目。车骑将军王舜被他的义行深深感动了，他赞美云敞就如同栾布一样地有情有义，并推荐他为中郎谏大夫。云敞屡屡以生病为由，避隐在家终老余生。

千百年来，云敞成为了学生承事老师，忠义绝伦的典型模范。曾经有一首古老的谣谚这样地写道："沧浪之水清兮，可以濯我缨；沧浪之水浊兮，可以濯我足。"这正是说，政治清明的时候，读书人可以振缨而仕，到了乱世之世，则可以抬足而去。孔子说："军可夺帅也，匹夫不可夺志也。"

汉明帝尊重老师

> 岂敢，岂敢，请老师免礼。
>
> ——汉明帝

汉明帝刘庄，字严，庙号显宗。汉光武帝刘秀的第四子，母为阴皇后。

建武十九年（公元43年）立为皇太子，中元二年（公元57年）即皇帝位。

桓荣，字春卿，汉代永城龙岗人。少年时曾游学长安，习《欧阳尚书》，拜博士九江朱普为师。他曾是太子的老师。因贫穷无所倚，经常出卖劳力以糊口，但他勤学不倦，15年不曾回家。

刘庄并没有因为当了皇帝，成为一国之尊而骄横。相反，对老师更是必恭必敬。因老师桓荣年迈，便免去他上朝奏事的礼节，让桓荣在家休养。并经常带着大臣们去桓荣家听课。在繁华的洛阳城内，常会出现这样的景象：宽敞的街道上，行人和车辆纷纷闪出一条路，然后有一辆高大、宽敞、华丽的彩色马车从中直驱而过，车后又跟着一支长长的队伍，浩浩荡荡向桓荣家驶去，老百姓们对圣驾都投以尊敬、钦佩的目光，并纷纷赞叹：自古以来，哪里有这样的皇帝，亲自驱车到老师家求学的？为了不惊动桓荣，每当马车临近桓荣家的时候，明帝便下令停车，步行进入老师家的小巷。桓荣得知皇帝驾到，便赶紧整理好衣帽，到门外恭候，以行君臣之大礼，但汉明帝每次都是连连摆手说："岂敢，岂敢，请老师免礼。"然后亲自搀扶老师进入府中，让老师上座，并叫大臣们在桓荣面前摆设案几，让文武百官站在桓荣面前，以表对老师的尊敬与关心。然后，自己则像小学生一样捧着经书，全神贯注地听桓荣老师传授知识。休息时，刘庄亲自捧着在皇宫特为老师做的点心，恭敬地送到老师面前，请桓荣食用。讲课结束后，刘庄便带着文武百官向老师行礼告辞。除此外，刘庄皇帝经常为桓荣解决各种生活困难，为他提供一切方便。

永和五年，桓荣老师身患重病，刘庄多次去老师家看望，每次来都是小步跑到老师的病床前，怀着沉痛的心情，诚恳地安慰老师，祝愿老师早日康泰，并叮嘱有关大臣经常到老师家帮助老师料理家事。事过不久，刘庄皇帝得知桓荣病故的噩耗，悲痛万分，不顾圣驾的尊严，不顾大臣的劝阻，脱下龙袍，穿上丧服，亲自到桓荣老师家为之吊孝送葬。同时把周朝高士伯夷叔齐墓葬首阳山的一块要地，赏给桓荣作墓地，并赞扬老师说："桓荣老师的品德高尚、学识渊博，可以和古代贤人相媲美。"

华佗尊老拜师

佗方术实工，人命所悬，宜加全宥。

——《后汉书》

华佗（145—208），汉末医学家。字元化，沛国谯（今安徽亳县）人。他精通内、外、妇、儿、针灸各科，其中对外科尤为擅长。

华陀成了名医以后，来找他看病的人很多。一天，来了一位年轻人，请华陀给他看病，华陀看了看说："你得的是头风病，药倒是有，只是没有药引子。"

"得用什么药作药引子呢？"来人问道。

"生人脑子。"病人听后，吓了一跳，上哪去找生人脑子呢？他失望地回家了。

过了些日子，这个年轻人又找了位老医生，老医生问他："你找人看过了吗？"

年轻人回答："我找华陀看过，他说要生人脑子做药引子，我没办法，只好不治了。"

老医生哈哈大笑，说："用不着找生人脑子，去找十个旧草帽，煎汤喝就行了。记住，一定要找人们带过多年的草帽才顶事。"

年轻人照办，果然药到病除。

有一天，华陀又碰到这位年轻人，见他生龙活虎一般，不像有病的样子。于是便问：

"你的头风病好了吗？"

"是啊，多亏一位老先生给治好了。"

华陀详细地打听了治疗经过，非常敬佩那位老先生。他想向老医生请教，把他的经验学到手。他想，如果老医生知道他是华陀，肯定不会收他为徒。于是，他装扮成一个普通人的模样，跟那位老医生一直学了三年徒。

一天，老师外出了，华陀和师兄弟们在家里拣药。门外来了一位肚子像箩、腿粗如斗的病人。病人听说这儿有名医，便慕名而来求治。

老师不在家，徒弟们不敢随便接待，就让病人改日再来。病人苦苦哀求着："求求先生，给我治治吧！我家离这儿很远，来一趟太不容易了。"

这时，华陀见病人病得很重，不能拖延了，便说："我来给你治治吧！"

说着，拿出二两砒霜交给病人说："这是二两砒霜，分两次服用，可不能一次全吃了啊！"病人接药，连声道谢而去。病人走后，众师弟埋怨着："砒霜是毒药，吃死了人可怎么办？"

"这人得的是鼓胀病，必须以毒攻毒。"

"治死了人谁担当得起啊？"

华陀笑着说："不会的，出了事我担着。"

那个病人拿药出了村外，正巧遇上了老医生回转来，病人便走上前求治。老医生一看，说道："你这病好治，买二两砒霜，分两次吃掉，一次全吃了有危险，快快去吧！"

病人一听，说："二两砒霜，你徒弟已拿给我了，也是叫我分两次吃的。"

老医生接过药一看，果然上面写得清清楚楚，心想："我这个验方除了护国寺老道人和华陀，还有谁知道呢？我还没传给徒弟呀？"

回到家里，问了两个徒弟："刚才大肚子病人的药是谁给开的？"

徒弟们指着华陀说："是师兄。我们说这药有毒，他不听劝告，逞能。"

华陀不慌不忙地说："师傅，这病人得的是鼓胀病，用砒霜以毒攻毒，病人吃了有益无害。"

"这是谁告诉你的？"师傅问道。

"护国寺老道人，我在他那学了几年。"

老医生这才明白过来，他就是华陀。连忙说："华陀啊！你怎么跑到我这学徒啊！"

华陀只好如实说出拜师求学的原因。

老医生听过华陀的话，一把抓住他的手说："你已经是一位声名远扬的医生了，还到我这穷乡僻壤来吃苦，真对不起你呀！"

老医生当即把治疗头风病的单方传给了华陀。

魏照尊老立志

三人行，必有我师焉。

——《论语》

东汉末年，有一位著名文人叫郭泰。他不仅博通古籍，学问精深，治学严谨，而且为人忠厚、正直、谦和。一时间，名震京师。许多读书的人，都拜他做老师。

慕名而来的一般学生，平时只是来听听老师读经、讲经而已。有个叫魏照的少年，却把行李搬来，整天和郭泰老师吃住在一起。他不但用心听老师讲经书，还时时、处处注意学习老师的言谈举止和为人治学的品质。每天清晨，魏照早早起来，洒扫庭院，清理房舍，点火做饭，热心地为老师端水送餐，细心地照料老师的衣、食、住、行。老师对这个学生的言行看在眼里，记在心上。于是，问他："魏照啊，别人认我为老师，不过是让我为他们讲讲经书，学学知识，我一讲完课，他们就四散而去，各自回家了。只有你和他们不一样，每天还早早晚晚陪伴着我，这是为什么呢？"魏照非常诚恳地回答道："当今，专门找一位传授知识的老师是比较容易做到的；但是，要找一位能教育自己怎样立志做人的老师却是很难的。我所以天天和你在一起，是要处处观察和效仿你的言谈举止，学习你待人接物所体现的品格。这就像一束洁白的蚕丝，挨着鲜红的染料，就会被渐渐染红一样。"一席话，使老师很受感动。

郭泰通过观察了解，觉得魏照确实是一位最有希望、最虚心好学的学生。平时，他便耐心地言传身教，把自己全部知识和立志做人的信条，毫不保留地教给他。由于魏照本人的刻苦、勤奋、好学、上进，很快使他成为一个学识渊博、有骨气、有志向的人。

郑玄尊老求学

玄自游学，十余年乃归乡里。家贫，客耕东莱，学徒相随已数百千人。

——《后汉书》

郑玄（127—200），字康成，北海高密人，东汉末年的经学大师。

郑玄自幼勤奋好学，熟读经史。十二岁时，随母回家，正赶上庙会，有十多人在那里欢聚，他们都穿着华丽的服装，高谈阔论。郑玄对此非常冷淡，离他们很远，其母催促多次，让他参与，他说："此非我志，不在所愿。"说完就离开人群到别处读书。

后来郑玄在乡里任啬夫之职，主管乡间民事诉讼和收取赋税，每逢休息时他都前往学府，向老师请教各种经学问题。从此他就不愿意担任官吏，立志读书，他父亲非常愤怒，但也改变不了他的志向。郑玄辞职进入太学学习，白天在学校学习，晚间经常读到深夜。

郑玄立志求学，多方拜师，不耻下问，研究义理，力求深透。开始拜京兆第五元先为师，研读《京氏易》《公羊春秋》《三统历》及《九章算术》。掌握这些经典内容后，又拜东郡张恭祖为师，学习《周官》《礼记》《左传》《韩诗》《古文尚书》等。郑玄读书非常精细，认真圈点评注，每有所得，就在书上写眉批，蝇头小字密密麻麻，见解独到。他治学严谨，从不妄加揣测和品评，不懂就问，到处寻师，山东有名的学者他几乎问遍，并不满足，还要精益求精。

马融精通经史，学识渊博，名重一时。郑玄千里迢迢西入关中，经卢植介绍拜马融为师。马融有学生四百多人，亲自进入课堂听讲的仅五十余人，多是学识水平较高者。郑玄在马融门下，三年不得相见。马融派学业成就优异的学生去教郑玄，郑玄不因为没有亲自聆听马融教诲而失望，日以继夜发愤读书，孜孜不倦，学识大有长进。有一天，马融召集许多弟子考论图纬，遇到许多问题不能解答，听说郑玄善于计算，在楼上召见郑玄。郑玄才思敏捷，回答准确，计算迅速，马融和他的学生很是惊奇，赞叹不止。郑玄借此机会，把几年来在经学上的疑难问题全部提出来，马融一一作以解答，郑玄顿开茅塞，心里非常高兴。解答完毕，郑玄就和老师马融告别返回山东。马融依依不舍，长叹一声对他的学生说："郑生今去，吾道东矣。"

郑玄在外地学习十多年，目睹了东汉黑暗的社会现实，他厌恶那些不择手段追名逐利的势力小人，却甘愿当一个正直的学者，毅然回乡务农，自食其利。虽家境贫寒，仍办学教书，跟随他学习的近千人。当时学习的内容是六经。给六经作注释的人很多，各持己见，洋洋几十万言，往往言不及义，阅读起来不得要领，无所遵循。郑玄综合诸家所见，"刊改漏失"，删繁就简，使"学者略知所归"，减少学习难度，深受学生欢迎。

何进、董卓、袁绍多次征召，郑玄拒绝赴任，安贫乐道，一心教书，培育人才，郗虑、王基、崔琰这些名倾一时的汉魏贤臣都出自他的门下。郑玄"隐修经业，杜门不出"，潜心钻研，以"述先圣之元意""整百家之不齐"为己任，著书立说，自成一家。郑玄一生著述甚丰，所注释的书有《周易》《尚书》《毛诗》《仪礼》《礼记》《论语》《孝经》《尚书大传》《中候》《乾象历》等，又著《天文七政论》《鲁礼禘祫义》《六艺论》《毛诗谱》《驳许慎五经异义》《答临孝存周礼难》等，共一百多万字。郑玄在经学界是很有权威的，他兼修古今文，融汇古今学说，见解超常，注释详实，"义据通深"。唐初作《五经正义》多采用郑玄注释，足见其影响之深。总之，郑玄为我国文字学、训诂学及史学做出了很大贡献。

石勒尊老好学

既至，勒亲与乡老齿坐欢饮，语及平生。

——《晋书》

石勒（274—333），字世龙，原名訇勒，上党武乡（今山西榆社北）

人，羯族。十六国时期（西晋灭亡到北魏统一华北期间的时期，当时南方则为东晋时期）后赵建立者。公元 319—333 年在位，从奴隶到皇帝，是整个世界历史上的唯一一人。

石勒家世代是部落的小头目。他年轻的时候，并州地方闹饥荒，他和部落失散了，曾给人家做过奴隶、佣人。一次，他被乱兵抓住，关在囚车里。正好车旁有一群野鹿跑过，乱兵纷纷去追捕群鹿，他才趁机逃走。

石勒受尽艰难，没有出路，就招集一群流亡的农民，组织一支强悍的队伍。刘渊起兵后，他投降汉朝，在刘渊部下当了一员大将。他不识字，但从小受过汉族文化教育。任大将以后，渐渐懂得了要成大业，光靠有武力不行。于是，拜一个汉族士人张宾为师，采取了许多治国措施，还收留了一大批北方汉族中的贫苦读书人，组织了一个“君子营”，虚心向他们求教。由于他骁勇善战，加上有张宾等一大批谋士、老师帮他出谋献策，势力更加强大。过了两年，他在襄国自称皇帝，改国号为后赵。

他自己没文化，却十分重视读书人和尊重教书的先生。当了皇帝后，命令部下，凡遇到读书人和有学问的先生，一定要请到襄国来。他采用了张宾等人的意见，设立学校，要他部下将领的子弟进学校读书。他还建立了保举和考试的制度，招贤纳士，凡是各地保送上来的人经过评定，合格的就选用为官。

石勒特别喜欢读书，他自己不识字，就请一些读书人和老师把书讲给他听。他一边听，一边认真思索，没有一点架子，还随时发表自己的见解。有一次，他让人给他读《汉书》，听到有人劝汉高祖刘邦封旧六国贵族的后代的历史，他说：“刘邦采取这种错误做法，怎能得天下呢？”讲书人马上给他解释：“后来由于张良的劝阻，汉高祖并没有这样做。”石勒点点头说：“这才对啦！”

由于石勒重用人才，尊老好学，在政治上比较开明，后赵初期出现了兴盛的景象。

范缜尊老

"子良不能屈，然深怪之。"

——范缜

范缜，南朝齐、梁时思想家，无神论者。字子真，南阳舞阴（今河南泌阳县西北）人。曾任宁蛮主簿、尚书殿中郎、宜都太守、晋安太守。他曾同佛教有神论者进行了两次公开的论战。范缜反对佛教因果报应说，认为人生好比同一棵树上的花朵，有的花瓣被吹到厅堂，也有些花瓣飘落进粪坑中，这完全是自然现象，毫无因果可言。对于形神之辩，他认为，形神相即，不得分离。精神离开形体，不能单独存在。著有《神灭论》《答曹思文难神灭神》（即《答曹舍人》）。

他刻苦学习，博览群书，不仅学习儒家、道家学说，也学习法家、墨家学说。正因他广泛涉猎群书，加上他的性格，不随波逐流，喜欢独立思考，所以他接受了古代朴素的唯物主义世界观。

19岁，他拜刘献为师，成为刘献的得意门生。刘献喜欢他刻苦钻研，打破砂锅问到底的精神，经常对他单独辅导，解答疑难问题。师生一谈就是一个长夜。

范缜20岁了，按当时的习惯举行冠礼。常规做法是：由父亲把他的头发束起来，举行仪式，表示他已长大成人，然后互相道喜。可是范缜幼年丧父，这冠礼就由老师刘献代替父亲给他束发。同学们也都来祝贺。刘献以师代父，对范缜鼓舞很大。他虚心学习，学业大进，终于写出了继王充之后的唯物论巨著《神灭论》，无情地抨击了王公大夫无人不言佛、道鬼神的迷信主流，对发展唯物主义思想起了积极作用。

画圣吴道子尊老学艺

> 绝顶聪颖绝顶狂，天生道子世无双。
>
> ——张旭

吴道子，唐朝开元盛世的画圣。

他天性聪明，一向好学，在向师傅学画的一群学生中，他的成绩最为突出，画得最好。师傅看他学有所成，决定让他出去闯荡一番。临别时向他赠言：“不拘成法，另辟蹊径。”

吴道子认为已经学的很好，自己了不起了，恃技狂傲。一次，与名画家杨惠之比画，结果比败了，他羞愤难当，不仅撕了自己的画，也把杨惠之的画抢过来撕掉了。

他没想到还有比他画得更好的人。他衣衫不整，失魂落魄地来到一家酒肆。正巧，当朝的秘书监贺知章和长史张旭正在豪饮。他们醉后挥笔。贺知章提笔写出一幅古拙沉雄，大有飞动之势的狂隶书：“酒中去寻蓬莱境，悠悠荡荡上青云。”而张旭展臂挥写，两行狂草出现在墙壁上。写道：“张颠自有沧海量，满壁龙蛇碗底来。”其字迹真如龙蛇狂舞，气势豪壮。

吴道子看得发呆，仿佛得见天人一般。他奔到贺、张二人面前，扑地跪倒，纳头便拜。贺、张二人见一满脸污垢的人跪在面前，以为是乞丐来乞讨，连忙扔下两把碎银，向门外走去。吴道子慌忙站起，跪到门前，把二位大人拦住，重又跪倒在地，说：“在下姓吴名道子，愿投在二位老先生门下学习书法。”贺、张二人这才明白吴道子的用意，但看他这副怪模样，都不大欣赏地摇了摇头。在他们看来，这个人怎么能学好字呢？贺知章拉着张旭，绕开吴道子又向门外走去。

吴道子一看，他们不肯认他为学生，重又站起，急得大叫：“二位先生慢走！”然后，跑过去连连叩拜不起，只叩得额头青紫，流出血来，嘴里还不住地说道：“道子实在是为先生的技法倾倒，望能收下弟子，望能收下弟子。”一时间声泪俱下。

贺、张为吴道子的一片挚诚所感动，忙过去把他扶起来。张旭取出自己写的楷、行、草三幅字给吴道子，要他先临习两年。张旭说：“字外无法，法在字中，勤奋就是诀窍。”

烈日炎炎，蝉鸣不已，吴道子在室内赤臂挥毫，练习楷书。他大汗淋漓，案上已积满了已书写过的纸张。

秋去冬来，大雪盖地，吴道子在书写狂草。

一年过去了，吴道子去拜见恩师。张旭见吴道子来，马上问道：“你为何临摹刚一载就来找我？”吴道子把一幅自己写的草书呈给张旭，，回道：“弟子来请恩师指导一下……。”张旭将条幅展开一看，很生气，随手掷于地上。吴道子见状，连忙跪在地上说：“恩师，弟子知道，技法还远未练成，然而弟子不是为学书法而学书法的。”“嗯？”张旭面有愠色。

吴道子说：“弟子本来志在丹青，现如今画坛技法俱已陈旧，弟子志在创新，另开蹊径，然而苦于无从下手。也是苍天助我，幸得偶见恩师书法，笔走龙蛇，气势磅礴，猛然悟得若能以书法绘画，便可一改前代画风，于是拜在恩师门下。现有一拙作，望恩师赐教。”说毕，将一幅兰叶描《金刚力士像》呈现张旭面前。

张旭接画在手，展开观看。吴道子窥视着老师的脸色。但是，张旭却一脸平静，不露声色。观后，张旭将画卷了起来。

吴道子起身道：“弟子还要游遍远近山川庙宇，再练山水画技，就此告辞了。”说完，对着张旭拜了三拜，转身离去。

张旭待他走后，才展开画幅重新看了又看，赞叹道：“绝顶聪颖绝顶狂，天生道子世无双。”

吴道子这种尊敬长者，潜心学艺的品德，终于使他成为画坛的一代“画圣”。

钟隐为仆敬老

无情未必真豪杰，怜子如何不丈夫。

——鲁迅

五代时期，有一位叫钟隐的青年，喜欢画禽鸟竹木。他平素以郭乾晖为师，临摹作品，学习技法，已初露头角。遗憾的是，他一直没有机会见过这位老师，只是“神交”而已。

他为什么不去拜师呢？原来，他从旁了解到，郭乾晖老师虽独树一帜，誉满画坛，但有个特点：画法秘而不宣。无论谁去找他求教，他都不教，连让人家看一看作画过程也不答应。

钟隐求师心切，他并不满足自己已经取得的点滴成绩，还想再提高一步。在郭先生拒不收徒的情况下自己怎么办呢？他想了好久。终于，想出办法来了，决定改名换姓，卖身郭家为奴。这件事钟隐做得很秘密，不露一点破绽。而郭乾晖只把他当奴仆看待，也未存有戒心。这样，钟隐学画的机会有了。端茶倒水之机，他可以瞧上几眼，夜深人静之时，他又细心琢磨。不多久，郭先生的绘画技艺，他几乎全掌握了，有时没人在场，他还练上几笔，心中十分高兴。

一天，钟隐心中忽萌画兴，便提起画笔在郭家的粉墙上画了一只老鹰。苍鹰共翠柏，壮志冲云天，那老鹰的神气，真像从天上飞下来的一般。正当钟隐凝目沉思之际，忽有客人到。客人一见这壁画，无不称赞，说是郭先生果然名不虚传。待到他们向郭先生祝贺的时候，弄得他不知道是怎么一回事了。他随着客人们一起走到粉墙前一看，被那欲击长空的老鹰惊呆了。他忽然想到：世上学我画法的，只有钟隐一人，这老鹰画得如此之好，莫非……这时，钟隐低头便拜，说明了求师的缘由和事情的经过。郭乾晖深为感动，他连忙扶起钟隐说：“你是一位可以深造的好后生，我决定收你为徒！”

从此，钟隐跟着自己仰慕已久的老师，更加勤奋地学画。终于，他成为世人皆知的丹青妙手，而他为了拜师，不惜为奴，真诚求学的精神，也为后人所传颂。

陆佃尊老千里求师

佃精于礼家名数之说。

——《宋史本传》

陆佃，字农师，越州山阴（今浙江绍兴）人，是我国宋代著名诗人陆游的祖父。

陆佃小时，家境贫困，家里没钱供他上学读书，他只得帮助家里打柴、耕田。但他酷爱读书，从不放过一点空余时间，白天劳动空闲，晚上劳动后，都是他读书的好时机。他一边干活，一边向有学问的人求教，把学到的知识记下来，不断丰富自己的才学。夜晚没油点灯，就在院子里映月光读书。经过十几年的苦读，陆佃在当地已初露头角，小有名气了。

古时学校很少，求师困难，求名师更为不易。他为了学到更多的知识，决定到外地拜师求学。当他得知唐宋八大家之一、著名文学家王安石正在江南讲学，便决心去拜师。

为了拜师，他穿着草鞋，背着铺盖，长途跋涉，跑了千里路程。一天下午，来到一条河边，当时没有渡船，只得把行李顶在头上涉水过河。当他走到河心，突遇山洪暴发，巨大的洪流将他卷走，幸好被一位好心的艄公救了上来。经过几个月的努力，历尽艰辛，终于找到了王安石，当他跨进王安石的家门时，已精疲力竭了。王安石看到这位不远千里前来求学的有志青年后，十分喜爱，决心把全部知识传授给他。

在王安石的精心教导下，陆佃学习非常刻苦，博览群书，知识面极为广泛。在京师考试时，考官将题目一道紧接一道地发下来，许多人都惊慌失措，陆佃却从容答对，考中进士。他精通三礼，受到宋神宗的称赞，被提拔为中书舍人、给事中。徽宗继位，陆佃先被召为礼部侍郎，升吏部尚书，又拜尚书右丞，后转左丞。

陆佃一生虽然大多数时间在官场度过，仍坚持写作，著书242卷，如《埤稚》《礼象》《春秋后传》《陶山集》等，皆传于世。

宋太祖尊老尚学

> 学生理应拜先生！我永远是您的学生。
>
> ——赵匡胤

宋太祖（927—976），即赵匡胤，涿州（今河北涿县）人，宋王朝的建立者。公元960—976年在位。历朝历代的政变事件屡见不鲜，“陈桥兵变，黄袍加身”便是由后周禁军最高统帅赵匡胤发起的一次成功的政变。赵匡胤兵不血刃登上帝位，不仅统一了大半个中国，而且治国有方。他对待权臣刚柔并济，怀柔安抚，很好地解决了天下统一后的军权问题。

赵匡胤出身于一个官僚家庭。他的父亲是后唐骑兵中一个中级指挥官。赵匡胤出生的时代，正值政局混乱的五代时期。那时，出于战争的需要，人们普遍崇尚武术，轻视读书。赵匡胤小时候，就和一般公子哥不同，既崇武，又重文。七岁时入了私塾读书，学习非常刻苦，成绩总是名列前茅。他的老师叫辛文悦，是个知识渊博的人。老师特别喜欢他，他也十分尊敬老师。

那时候，学生常常捉弄老师。

有一天，劳累的辛老师竟趴在书案上打起盹来。两个好恶作剧的学生偷偷地溜出教室，从后园中捉了只螳螂放在了辛老师的肩头上。螳螂舞动着长腿，一步步向上爬着，眼看着就要爬到辛老师的脖领里。学生们不再读书，新奇地看着，不时地发出“嘻嘻”声。赵匡胤看到学生这样不尊重老师，十分气恼，狠狠瞪了那两个学生一眼，便轻手轻脚地来到老师跟前，把螳螂捉了下来。恰巧这时候老师醒了，看见赵匡胤手里捏着只螳螂，以为他在捣蛋，气得上气不接下气，冲着他喊："真乃顽童，岂能容汝。去也！"赵匡胤什么也没说，流着眼泪退出课堂。

后来，辛老师从别的学生嘴里得知真相后，心里很不平静。他把赵匡胤找到身边赔罪说："汝无错，师之过也！"

从此，辛老师更加器重赵匡胤，赵匡胤也更加刻苦学习。他跟辛老师学了很多别人学不到的知识。

"陈桥兵变"后，赵匡胤当了皇帝。做皇帝后，他没有忘记恩师，派人把老师接到朝中。辛老师一见当朝皇帝，就要行君臣大礼，赵匡胤忙跪拦道："愧煞我也，学生理应拜先生！我永远是您的学生啊！"辛老师感动得热泪盈眶，决定应赵匡胤之邀，留在朝中，效忠大宋王朝。

从此，宋太祖赵匡胤重文尊师的美德誉满天下，人们纷纷效仿他。一时间，崇尚学习，尊敬师长，成为风气。

程门立雪

> 一日见颐，颐偶瞑坐，时与游酢侍立不去，颐既觉，则门外雪深一尺矣。
>
> ——《宋史·杨时传》

杨时（1053—1135），原字行可，后因犯友人父讳，改为中立，学号龟山先生。宋熙宁九年（1076 年），杨时中进士，次年被授予汀州司户参军。他以病为由没有赴任，专心研究理学，著《列子解》。元丰四年（1081 年），杨时被授予徐州司法。他专门投于洛阳著名学者程颢门下，研习理学，与游酢、伊焞、谢良佐成为程门四大弟子。杨时学成回归时，程题目送他远去，曾感慨地说："吾道南矣！"元丰六年（1083 年），杨时赴徐州上任；同年八月，他完成《庄子解》的著述。元祐三年（1088年），杨时被授予虔州司法。

元祐八年（1093年）五月，杨时投于程颢的弟弟程颐门下，到洛阳伊川书院学习。那时，杨时已40多岁，而且他对理学已有相当造诣，但是，他仍然谦虚谨慎，不骄不躁，勤奋好学。

一天，杨时同一起学习的游酢向程颐请求学问，却不巧赶上老师正在屋中打盹儿。杨时便劝告游酢不要惊醒老师，于是两人静立门口，等老师醒来。一会儿，天飘起鹅毛大雪，越下越急，杨时和游酢却还立在雪中，游酢实在冻的受不了，几次想叫醒程颐，都被杨时阻拦住了。

直到程颐一觉醒来，才赫然发现门外的两个雪人！从此，程颐深受感动，更加尽心尽力地教杨时，杨时不负重望，终于学到了老师的全部学问。之后，杨时回到南方传播程氏理学，且形成独家学派，世称“龟山先生”。

后人便用“程门立雪”这个典故，来赞扬那些求学师门、诚心专志、尊师重道的学子。

宋濂尊老求学不怕苦

> 虽口体之奉人也，以心中有常乐者也。
>
> ——宋濂

宋濂（1310—1381），字景濂，号潜溪，明初大臣，文学家，与刘基、高启并称为明初“三学士”。

宋濂从小就酷爱学习，但家贫买不起书。为了读书，他常找当地藏书富甲一郡的郑义门借书。书一借来，他就抓紧一切时间抄完送还，从不过期。由于他爱学习、守信用，常能借到书，这使他读了很多书。

20岁以后，宋濂的求知欲更强烈了，渴望得到名师的指教，却苦于找不到名师，又没有学识渊博的朋友一道研究学问，为此宋濂常常感到苦恼。

一天，有人告诉宋濂百里以外的地方有一个学识渊博的老先生，向他求学的人众多，是个难得的良师。

听到这个消息，宋濂十分欣喜，立即决定登门拜师。

当时正值数九寒天，穷困的宋濂却穿着一件破棉袄出门拜师。凛烈的北风刺骨，爬高山，越深谷，几尺深的积雪使他举步艰难。脚冻裂了口子，四肢冻得麻木了，宋濂却全然不顾，一心拜师求学，后来寒风将他冻得无法支撑了，幸好被一位好心的客店主所救。

宋濂求学，更是不易。那位老先生对待学生的态度非常严厉。每次求教，宋濂都要恭恭敬敬地站在教师的身旁，小心翼翼地提出问题，探问究竟，然后躬腰曲背倾耳等候解答。就是这样，老先生有时也会不耐烦，宋濂还要常常遭到无端的呵斥，甚至是没有自尊的训责。

宋濂遭到这样的呵斥，心里有时也无法承受，泪水常会不争气地涌出来。但他想："自己是来求学的，为的是向教师学得知识，不能计较先生的态度。"他常以张良进履的故事来激励自己，极力地抑制住要流出的眼泪，掩饰自己为求学而丧失自尊的痛苦，对老师的态度反而更恭谦了，礼节更周到了，耐心地等到先生高兴时，再提出问题请教。

当时与宋濂同学的人，大都是些纨绔子弟，衣食住行非常奢侈。宋濂却从不羡慕他们，更不觉得自己寒酸，他常想："虽口体之奉人也，以心中有常乐者也。"因而，求师更加虔诚，修学更加刻苦。

后来，宋濂又先后拜过元末著名的古文家吴莱、黄溍、柳贯等人为师。求师时总是不顾酷暑严寒，顶风冒雨，长途跋涉，又常常是食不饱腹，即便在条件好的时候，他一天也只能吃两顿饭。但他从不把这些难耐的苦痛放在心上，却把求得高师，得到真知看作是最大的快乐。

宋濂不辞劳苦虔诚求师的精神为后人所敬仰，历来被传为佳话。宋濂更无负于求师的艰难而潜心修学，使他的史学知识博大精深，文采出众。他的散文名噪于世，平生著述极丰富，主修了《元史》，著有《宋学士文集》七十五卷，《浦阳人物论》《孝经新说》《龙门子》等，在当时影响很大，蜚声海内外，高丽、日本等国的使臣来中国，总是要问候宋先生，广泛购买他的文集。

柳敬亭谨尊师言

每发一声，使人闻之，或如刀剑铁骑。

——黄宗羲

柳敬亭，是明末清初的大名鼎鼎的说书艺人。他原来叫曹逢春，家住江苏泰州曹家庄。

由于他好打抱不平，得罪了地方上的恶势力，流浪到外乡。有一天，他睡在一棵大柳树下，醒来后抓着拂在身上的垂柳枝条，联想到自己的不幸遭遇，就改为姓柳了。接着，他背诵起南齐谢眺咏敬亭山的诗，觉得“敬亭”二字可取，便以“敬亭”为名了。

一次，柳敬亭流浪在江南水乡的一个小镇上，看到茶馆酒楼上经常有人说书，便经常去听书，听了后便记在心里，加上自己从小读了不少历史小说，听了不少民间故事，所以也想靠说书来维持生活。

由于不知道说书的方法和技巧，也找不到合适的老师可以求教，他只能自己摸索着瞎练一通，效果很不理想，为此也很苦恼。后来，他在旅途中听到一位高明的艺人说书，听后佩服得五体投地。这位艺人叫莫后光，他诚恳地要求拜他为师。莫后光看到这个青年诚实可爱，说书也有较好的基础，就把自己的经验传授给他。

莫后光把说书艺术的基本原理和方法讲给他听，告诉他：“说书虽然是一种小技艺，也同学习其它技艺一样要下苦工夫。首先要熟悉各阶层的生活和各地的方言、风俗、习惯，然后把观察和搜集到的材料，经过反复分析，找清它们的因果关系、发展过程。还要学会对掌握的材料加以剪裁取舍，能够把有用的材料组织得恰到好处。

柳敬亭听了老师的教导后，深深地记在心头。他白天到处游街串巷，仔细地观察社会上各种现象，对方言俚语特别注意。晚上回家以后，闭上眼睛细细琢磨白天看到的事情，并把它加工、提炼、融化到历史故事中去，并认真地记在纸上。

他这样学习了几个月后，便去找老师指点。老师让他说了一段书，对他说："现在你虽然能讲出故事，但还没能引人入胜。重要的是时时刻刻要想到怎样把故事说得好，说得动听。有时，故事中的情节要从从容容直叙，一路走来，直达胜境；有时，要简洁明快，开门见山，一目了然；有时要增加一些伏笔或悬念，让听众总想听个究竟，舍不得离去。总起来，在故事的轻重缓急之间，安排得贴切妥当，件件事交待要有头有尾，扣人心弦。"

他听了以后，继续苦心钻研。他经常深入到人们中去，和各种人交朋友。在交往中，他发现，有许多上了年纪的人说起话来很吸引人，而声音又随故事情节的跌宕起伏而抑扬顿挫，感染力很强，尤其是说话时那种胸有成竹的神态，很值得学习。他每天都细心观察、模仿。又过了几个月，他又去请教老师。

老师听了他说的一段书后，说："你现在进步已经不小了，听的人能聚精会神，但还要精益求精。说书的人要和故事中的人物打成一片，这样才能在动作、语言、神态上无不维妙维肖，使自己成了故事中的人物，才能吸引听众进入故事所表现的境界，连他们也忘了自己，忘了是在听书。这才是说书艺术最理想的境界。"

柳敬亭听了老师这番话，信心更足了，学习也更刻苦了。于是他进一步深入生活，熟悉人们的感情、爱好。他还常常说书给人们听，让大家评论，晚上再重新练习一遍，把大家的意见尽量采纳进去。

这样又过了几个月，他又去找老师。这次听了他说的书后，老师高兴得连翘大拇指说："你现在已学到家了。还没张口，你已制造了故事中的气氛，等说起来时，听众的情绪就能够不由自主地跟着故事中的人物共鸣起来了。"老师拍着他的肩膀说："你进步真快啊！真快啊！"

柳敬亭在名师的指点下，经过自己的刻苦研究，努力学习，终于成为一名有名的说书艺人。他走遍了大江南北，到处受到人们的热烈欢迎。

康熙尊老虔诚跪师

子曰：孝，天之经，地之义，民之行也。

——康熙

康熙帝玄烨是顺治帝福临的第三子。在位61年，对巩固清朝统治起了很大作用，出现了“康乾盛世”。

康熙帝很有才华，是与他受到良好教育分不开的。顺治非常注意对康熙的教育，精心为他选派老师。一天上朝，福临提出一个问题：“龙的耳朵小，象的耳朵大，出于何典？”掌管御书楼的彭尔述奏道：“此典出于《古藏经》十三篇。”福临命人查对，果然如此。于是决定请彭尔述为太子的老师。彭尔述被请到后宫见了太后，彭尔述说：“臣才疏学浅，不胜此任。”但圣命难违，就这样当了太子玄烨的老师。

康熙很聪明，也很好玩。过了一段时间就学腻了，一会儿去捕蝴蝶，一会儿捉蜻蜓，一会儿又和其他弟兄去捉迷藏……因此，他总完不成老师布置的作业。彭尔述管教几次，收效不大。彭尔述想：这样下去将一事无成，决心严加管教，令其跪读。

正好这时太后从书房前路过，看到室内无人，细看康熙挨罚，在圣人像前跪读。顿时产生怜爱之心，令其站起，并说道：“读书亦为君，不读书亦为君。”彭尔述当仁不让，接着说：“读书为明君，不读书为昏君。”太后一怔，又令其跪读。

晚上，太后传旨令彭尔述到后宫。彭尔述想，顶撞了太后，即为不尊不敬，肯定要受处罚，告诉家人做好思想准备：“我如不按时归来，即遇难。”并安慰家人说，“这不算什么？大不了人头落地。”到了后宫，太后亲自到门外迎接，并赐坐献茶。太后说：“万岁爷让我向你道歉！今日设便宴作为答谢！”彭尔述很感动，对福临的尊师重道铭刻在心，以后更加精心地教育康熙，终于使他成为一代明君。

段玉裁尊老

为学莫重于尊师。

——谭嗣同

段玉裁，字若膺，江苏金坛人。他从小热爱学习，一直到老仍好学不倦。他博览群书，知识渊博，是清代著名的训诂学家和经学家。

乾隆二十五年（1760 年），段玉裁因中举要到京城去，路遇当时有名的国学大师、考据学家、思想家戴震。戴震对经学、天文、历算、地理、训诂音韵等方面均有较高的造诣。段玉裁早已耳闻，便虚心求教拜戴震为师。后来段玉裁去四川富顺和南溪当知县，每次收到老师的信札，不管有什么事，总是双手恭敬地接过来，然后敬重地面对老师居住的方向诵读。那时，段玉裁在国学界的声誉早已不在戴震之下，还如此尊师，一时间在读书人中被传为佳话。

乾隆四十一年（1776 年），戴震病逝，段玉裁知道后，非常悲痛，尽管他的境况也不是很好，仍给老师家送去了不少银两，有些钱还是现借的。

段玉裁所以能成为一代有学问的名人，是因为他能虚心地以德才兼备的人为师，虚心向他们学习。虽然他一生享誉甚多，却从不狂妄自负，总感到自己读书太少，没取得什么成就，他 80 岁那年还写了一篇自序，悔恨自己“忽忽至今，遂已八十。回首平生，学业何在也？”他决心从此以后要珍惜时光，为“多见一善人，多闻一善言，多得一善书”而自幸。他还以自悔的心情告诫子孙：一个人不要虚度年华，要惜时如金，要尊师，敬业；只要这样，无论生命长短都是有意义的。

正是这种尊师敬业的精神，使他在学习知识上永不满足，造就了他一代国学大师的美誉。

杨露禅尊老

> 他千里寻师，可见心诚。
>
> ——陈德瑚

杨露禅（1799—1872），本名杨福魁，字露禅。河北永年县人，清末武术家，太极巨星。

杨露禅小时候家世贫寒，酷爱武术。他稍大以后，以卖水、卖土为生。由于天天推车，练就了惊人的臂力。

他在有些功夫之后，喜欢同人比试拳脚。有一次，他给永年城太和堂药店运货，听说店伙计们都练“绵拳”。绵拳，运好气之后不但能借人之力打人，而且能拨动千斤之物。由于他怀疑绵拳威力，便向人家提出比试。药店掌柜出场。杨露禅攥紧双拳，一个箭步，扑向掌柜。掌柜呢，双手一迎，身子一闪，便躲过了。杨露禅要打第三拳时，忽觉身子右侧遭受到一种无法抗拒的力量，站立不住，向左倒去。杨露禅从来没被人三拳两拳击倒过，知道遇到了出奇高手，于是慌忙跪下，赔礼讨教。掌柜见他爽直诚恳，便向他讲出来历。原来，这太和堂是河南温县陈家沟陈德瑚进士开的。陈德瑚是绵拳创始人陈玉廷的后代，家有继承先祖拳业的兄长陈长兴。药店掌柜正是陈长兴的弟子。露禅听后，立即再拜，要认为师。由于立有祖训，被掌柜拒绝。

杨露禅并没有就此灰心。他立即回家，凑足路费，背上行李，星夜奔赴陈家沟。从永年到温县有近千里路程，由于求师心切，他只用了半个月。到了陈家沟，在村子中间打听到了陈德瑚的家。

陈家门前堆放着许多柁檩砖石，一些人正往来搬运木料。杨露禅高兴极了，一路劳累一扫而光。可是他想：人家在修建房屋，怎好意思提起拜师学艺的事呢！还是先帮人家多干点活，待日后再想法求见师傅吧！

这时只听有人大喊：“上梁喽！”杨露禅立刻跑上前去，扛起一架大柁登上石阶，走到墙基边，稳稳当当地把大梁放下。众人见了，齐声喝采。

陈德瑚闻声赶来，仔细端详了杨露禅，然后让人把他叫到账房，收留他当了小工。陈德瑚把杨露禅只身扛大柁的事告诉了陈长兴。陈长兴怕是武林高手登门闹事，便急忙来到现场，只见杨露掸浓眉大眼，膀宽腰圆，虽年龄不大，却能毫不费力地将几百斤重的大柁搬到肩上，断定他定有功底，于是说了声："好！"接着说，"这位朋友，你能扛动大柁，我能试试吗？"杨露禅见此人高不到5尺，消瘦干瘪，年近花甲，便说："大柁长有两丈，重有八百，我不费吹灰之力；您年高体瘦，哪能同俺这莽夫相比！"陈长兴哈哈大笑，说："那咱们就比一比吧！我站在柁头，你如果拉我下来，我就认输！"杨露禅想：不用说一个瘦老头，就是铜铁罗汉，俺也把他拉下来！于是说："拉不下来，俺就拜您为师。"陈长兴把绳子系在腰间，另一头扔给杨露禅，一个箭步跳上大柁，说："朋友，拉吧！"杨露禅用力一拉，没拉动；再一拉，又没拉动；他急了，于是，使出了全身力气，身子都要贴到地面了，可是，陈长兴悠然自若，稳如泰山。那大柁呢，眼见着一点点下陷。杨露禅摇摇摆摆，汗水淋漓。站在一旁的陈德瑚，担心兄长年老有失，连喊："停，停！"杨露禅放下绳子，扑倒便拜："敢问大师尊姓大名！"陈德瑚说："这就是兄长陈长兴！"杨露禅听了，激动得落下泪来，连连叩叩头说："弟子久闻师傅大名，不惜跋山涉水登门求艺，万望师傅收下弟子！"陈长兴默不作声。陈德瑚说："兄长，他千里寻师，可见心诚，你就收下他吧！"众人也七嘴八舌地帮腔，陈长兴扬长而去。

杨露禅心想：师傅收徒弟理应有个考验。我今天能见到师傅，就已心满意足。只要能让我在这干活，不愁实现不了求艺愿望。从此，陈家里里外外的脏活累活都被杨露禅包了。一天，他听人说陈长兴师傅天天深夜在花园里练功，就半夜起床，藏在花园的大槐树上。果然，见到师傅来到花园。只见他，一招又一招地练了一遍又一遍。练完后，又回到屋睡觉去了。杨露禅爬下树来，一边打扫庭院，一边琢磨师傅的招术。天亮了，众弟子都来跟师傅练武，杨露禅也夹在中间。就这样，明学暗练，苦心琢磨不知过了多少天，受了多少累。

转眼到了腊月，长工们结帐回家过年。可杨露禅既不结帐，也不回家。陈德瑚知道了，觉得奇怪，就问："露禅，你为什么不回家？"露禅说："东家待我实在是好，可有一样，我出来已经一年，连师傅都没拜成，哪有脸面回家！”陈德瑚被他的志气感动，就向兄长替他说出心事。陈长兴听了哈哈大笑：“实不相瞒，我早破例将他收下了！”

杨露禅知道了，立刻跑到上房，喊了一声：“师傅！”“扑通”一声跪在地下。陈长兴正要扶起，陈德瑚一摆手，说：“慢着，往日兄长收徒弟，要先练拳，后推手，再磕头。今天怎么啦?”陈长兴说：“他每天三练功，早已掌握了内家拳的奥妙，成为自己人了！”陈德瑚说：“那就叫他显显身手吧！”

杨露禅知道偷艺的事已被师傅识破，只得说：“那就请东家和师傅指教吧！”他凝神走身，练了一趟太极架子。陈长兴感慨地说：“他三更看，四更练，五更扫庭院，天亮以后又一遍。别看只学 8 个月，功勤胜 3 年！”

除夕，杨露禅在新落成的客厅里正式向陈长兴行了拜师大礼。陈氏家族相传 14 代的绝技，第一次传给了“外人”。

后来，杨露禅将陈氏拳的招式进行了修改：减少了高难动作，增加了简易招术，并且创新了器械，创立了太极刀、太极锤、太极枪等，太极拳得以在祖国各地普及。

1872 年，73 岁的杨露禅逝世。人们对他无比敬仰，称他为“太极巨星”。

鲁迅尊老勤学

镜吾公执教虽严，对鲁迅从未加以呵责。

——寿先生

鲁迅（1881—1936），浙江绍兴人，伟大的文学家、思想家、革命家。原名周树人。他小时候就能遵守学规，敬重师长，勤奋学习。

鲁迅 12 岁时进入了本地颇有声望的书塾——三味书屋，在这里读了 4 年书。老师是一位性格耿直，品行端正，学问渊博，名叫寿镜吾的老先生。鲁迅对他十分敬佩，称颂他是“极方正、质朴、博学的人”。

鲁迅学习非常刻苦认真，书塾开设三门课程，他的成绩都是最优秀的。第一门课是读书、背书。年底考试时，鲁迅总是从容地把一年读过的书从头到尾地背出来。由于他平时注意思考，背书时脑、眼、口并用，所以他读过的书，不但能背，而且能默写，能讲解，受到寿先生的赞许。第二门课是每天傍晚的对课。就是老师出个题目，要求学生按题意、字数、平仄对出一句话来。每次对课鲁迅都对仗工整，立意新颖，总比别的学生对得快、对得好。这为他后来的写作带来了很大好处。第三门课是每天中午前写大字课。在寿先生的严格要求下，鲁迅练就了一手好毛笔字。郭沫若曾赞誉鲁迅“是一位杰出的书法家，”这与鲁迅在三味书屋时的苦练是分不开的。

鲁迅很佩服老师知识的渊博，在老师的影响下，他也喜欢博览群书。几年中，凡是能搜集到的书他都读过了，还用自己节省的钱买书来读。有些书买不到，他就设法借来，边读边抄。这样，他成了同代少年中读书最多、知识最丰富的人。

寿先生对鲁迅很器重，觉得他聪明敏捷，刻苦勤奋，是一个有出息的人。寿先生的儿子在晚年回忆说：“镜吾公执教虽严，对鲁迅从未加以呵责，每称其聪颖过人，品格高贵……。”

鲁迅16岁时，父亲去世了，从此他再也没有到三味书屋读书。但他对寿先生却一直怀着崇敬之情。在留学日本时，曾多次给寿先生写信，报告自己的生活和学习情况。后来，鲁迅曾回家乡任教，常去三味书屋探望寿先生。鲁迅全家搬到北京后，仍然保持着与寿先生的书信来往。他不忘辛勤培育过自己的老师，把可亲可敬的寿先生的形象展现在小说《从百草园到三味书屋》之中，留下了永久的纪念。

华罗庚尊重老师

归后，见书函盈尺，但不能不先复吾师。

——华罗庚

华罗庚（1910—1985），著名数学家，江苏金坛人，早年去英国剑桥大学作学术访问。1946 年去美国，曾任普林斯顿数学研究所研究员、伊利诺斯大学教授。新中国成立后，曾任清华大学教授，中国科学院数学研究所所长等职，1985 年 6 月在日本东京讲学，因心脏病发而逝世。

教育家、翻译家王维克先生，是华罗庚数学天才的第一个发现者。华罗庚成名之后，不止一次地说过：“我能取得一些成就，全靠我的老师栽培！”

1947 年，华罗庚从国外回来，马上赶回故乡看望王维克老师。那年夏天，他在金坛就邀作了一次学术报告。报告前，他特地把王老师请到主席台上。进会堂的时候，华罗庚一定要王老师走在他前面。就坐时，也只肯坐在王老师的下首。

全国解放后，华罗庚被任命为中国科学院数学研究所所长。他几次亲自到王老师的北京寓所探望，并邀请他到科学院工作，后来，王老师由他推荐在北京商务印书馆担任了编审员，使这位教育家、翻译家能为新中国贡献力量。

1950 年，华罗庚见王老师给他的信，马上就提笔复函，起首第一句就是：“归后，见书函盈尺，但不能不先复吾师……” 1952 年 4 月 4 日，王老师不幸患胃癌病逝金坛。华罗庚十分悲痛，他一面给陈淑师母写信，深表哀悼；一面又重托他在金坛的子舅吴洪年代他到老师的灵前默哀。以后，他便一直象亲人似的热心照护陈淑师母及王维克的子女。

1980 年 5 月 21 日，华罗庚到江苏推广“优选法”与“统筹法”，又回到金坛故乡。当记者问及他此行金坛主要有哪些活动后，他直率而爽朗地笑着回答说；“我这次回金坛，第一件事是看望陈淑师母，第二件事是去母校看看。”他一到县委招待所住下，就特地请人把陈淑师母接到所里。一见面就用道地的金坛话亲切地喊道：“师母好！”此后，他又扶师母坐下，让记者摄下了那愉快的镜头。当陈淑师母把一本新版的王维克先生的重要译著——但丁的《神曲》签上自己的名字赠给华罗庚时，华罗庚十分动情地说：“谢谢！谢谢！这是王老师的心血啊！”

杨振宁尊师

师道既尊，学风自善。

——康有为

1986年7月的一天，美籍华裔物理学家杨振宁博士获悉，他的指导老师吴大猷教授正在台北进行学术访问，他屈指一算，吴教授今年7月正好是80大寿。他思绪翻滚，想到去年教授在北京住院，自己抽不出时间去看望，这次去参加台湾中央研究院院士会议，正可以到台北去为教授祝寿。

坐在飞向台北的飞机上，杨振宁博士想起了48年前在昆明读书的往事……

1938年，即抗战爆发后的第二年，杨振宁以优异成绩破格考取了昆明西南联大物理系。三年级时，吴大猷教授给他讲课，使他对理论物理的研究产生了浓厚的兴趣。第二年，他去吴教授家希望教授能指导他的毕业论文，吴教授欣然同意。吴教授的悉心指导，使杨振宁更加坚定了今后在理论物理研究领域里的主攻方向，甚至对他的一生产生很大的影响。后来，杨振宁去美国继续深造，在理论物理研究方面有了不少突破。1957年，他与李政道博士共同获得诺贝尔物理学奖金。此时，他想到了青年时代的导师，在给吴大猷教授的信中他写道："学生这次获得殊荣，是过去先生悉心教导的结果，今日是学生感谢先生最好的时机……"

飞机降落，杨振宁走下机舱，看到迎面一位白发苍苍的老人向他频频招手。

"啊，吴老师，您身体还好吗？"杨振宁深情地紧紧握着吴教授的手。"振宁，想不到我会来台北与你相见吧！"吴教授又对他的学生说，"听说你要在台北组织一批朋友给我祝寿？"

"恩师80大寿，是学生应该做的。"

"不，不，我已向朋友们宣布不举行任何形式的祝寿活动。"

师生俩走进机场餐厅休息时，一批新闻记者围上来进行采访。杨振宁一边向记者们回答提问，一边忙着给吴教授端茶、递餐巾纸。他向记者们说："吴老师是我一生研究领域中最早的领路人，没有吴老师在大学里对我的指导，就不可能有我的今天。"

第二天，台湾一家报纸在报道中这样写道："杨振宁博士对他的恩师情谊之深，表现了中国传统的尊老美德。"

齐白石不负师恩

功名应无分，一生长笑折腰卑。

——齐白石

齐白石（1863—1957），名璜，字滨生，号白石，是我国著名书画家、篆刻家。

齐白石生于湖南湘潭县白石铺一个贫苦农民家里。由于家庭生活困难，他只读了半年私塾就不得不中途辍学，做了木匠。但他非常喜欢画画。为雕花找花样，在一个偶然的机会，他借到一部残缺的《芥子园画谱》。书有了可是却无人指教，这使他产生了更加强烈的学绘画愿望。夜间常常独自一人在昏暗的桐油灯下，照着画谱认真临摹，往往是整夜不眠，这使他初步掌握了水墨画的一些技巧。

1889 年春节过后的一天，27 岁的齐白石在帮邻乡雕制嫁床时，巧遇书画家胡沁园老先生。胡先生慧眼识英才，他看过齐白石做画后，认为齐白石将来会大有作为，便破例决定收齐白石为徒。

齐白石多年学绘画的愿望，没想到竟这样实现了，他欣喜得不能自禁。经与家里商量，半个月后，在一个春雨濛濛的中午，齐白石打着一把雨伞，穿着一双草鞋，从四十里外的白石铺来到韶塘，上胡家正式拜师。拜过孔子后，齐白石便拜胡沁园和胡家聘请的家庭教师陈少蕃。

胡沁园喜爱书画，写得一手好汉隶，擅画工致的花鸟草虫，好做田园诗，在湘潭一带享有诗、书、画"三绝"的盛誉。因此他深知，掌握绘画技艺，没有一定的文化修养是不行的。所以他根据齐白石文化底子薄的弱点，先安排齐白石读诗书。

齐白石遵照胡先生的安排，第二天便开始跟陈少蕃老师读书。陈少蕃这位饱学的先生也善于因材施教，他不教齐白石读八股文和经书，而是先教唐宋诗词，读《唐诗三百篇》，并引导齐白石看小说。

齐白石由于文化基础差，常常在读书中遇到很多不认识的字。可他并没有因此灰心，而是边读书边识字，不分昼夜地发愤苦读，每天都要在昏暗的油灯下读到深夜。有时灯盏没油，就"自烧松火读唐诗"，经老师再三催促才肯休息。

这样勤攻苦读，加上齐白石惊人的记忆力和悟性，他很快背熟了《唐诗三百首》，研读了不少古人的诗文，还涉猎了《西厢记》《红楼梦》《聊斋志异》等古典文学著作，好多章节他读得滚瓜烂熟。

这年四月，一班文人聚会韶塘咏牡丹。初出茅庐的齐白石吟出了"莫羡牡丹称富贵，却输梨桔有余甘"的佳句，赢了老师的极口称赞，被人们广为传诵。后来，齐白石还和一班文学青年组成"龙山诗社"，被推举为社长。他写的诗别具一格，同辈们无不折服，自愧不如。

读书与画画，是齐白石心头上的两件大事，在这两个方面，他是齐头并进的。在胡沁园先生的指导下，齐白石从"立意"、"用笔"开始，苦练基本功，进步很快。但他并不满足于这些进步，而是想尽一切办法，寻找一切机会向身边人学，向前人们学，博采众家所长，逐步走上了"以我少少许，胜人多多许"的道路，为后来独创门户奠定了基础。

这样，在胡先生的悉心指导下，不到一年，齐白石便掌握了画山水、人物、花鸟的基本技巧，画出题为《琴书至乐图》和《浮湘望岳图》两轴山水画，显示出自己的艺术才能。胡先生在《题滨生琴书至乐图涛》中写道："移石动云根，渌竹半含箨，相对亦忘畜，山村杏花落。"他的功力胡沁园盛赞为"已到云林境"。

绘画与篆刻、书法、吟诗是密不可分的。齐白石在绘画、吟诗之余，还着力于书法与刻印。当时腕平锋正的何绍基字体在湘潭一带颇为流行，胡沁园深为喜爱。在师傅的影响下，齐白石抛弃了柔媚的“馆阁体”，认真临摹研练何体字，很快掌握了它的神髓。在篆刻方面，齐白石听从朋友黎铁安的指教，挑一担南泉坤的楚石，随刻随磨，以雕花木工的腕力，勤摹勤刻，篆刻水平也达到了很高的水平。

后来，为解决作品的装裱问题，齐白石又拜师学装裱，掌握了从托纸到上轴的全套本领。

齐白石不负师傅的教导，在艺术上奋力进取，名满天下。可就在齐白石不断取得成功的时候，胡沁园老先生却与世长辞了。听到这一消息，齐白石悲痛欲绝，在师傅的灵前，抚棺恸哭。后来，他以无比沉痛的心情写下十四首《哭沁园师》，七首绝句，一篇祭文和一副挽联。挽联写道：

衣钵信真传，三绝不愁知己少，

功名应无分，一生长笑折腰卑。

挽联深沉地抒发了自己对老师所给予的“真传”的无限感激之情，称赞了老师鄙薄功名的高尚品格。

齐白石又画了二十几幅画，亲自裱好，在师傅的坟地上焚化，慰藉老师的在天之灵。并一直将胡沁园先生的像供奉在自己的客堂里。

齐白石没有辜负老师的希望和教育之恩，一生献身艺术，辛勤耕耘，成为我国杰出的书画、篆刻艺术家，用毕生的成就回报了恩师的心血浇灌。

程俊英不忘教诲

> 我听党的话，也就是听李老师的话。
>
> ——程俊英

程俊英，女，生于1901年，1922年毕业于北京女子高等师范学校国文部，著有《中国大教育家》《诗经译注》《诗经漫话》，参加《资治通鉴长编》编校整理。

几十年来，她一直珍藏着与李大钊先生的合影照片，怀念自己最伟大的老师。

李大钊先生在女子师范学校讲社会学和女权运动史，把课堂作为宣传马克思主义的阵地，慷慨激昂地阐述革命道理，教育女学生为争取自身权利斗争，走革命的道路。这使程俊英等一大批学生具有了进步的革命思想，也开始了一些积极行动。

在李大钊先生的教导下，程俊英等几名同学，为反对封建婚姻，商讨决定将汉乐府《孔雀东南飞》改编为五幕话剧，自编自演，并聘请李大钊先生导演，陈大悲先生协助搞古装和布景。程俊英扮演兰芝这一关键性的角色。她牢记李大钊先生的嘱托："这出戏演得好不好，关键在兰芝这一角色，你演得愈悲惨，反封建婚姻的意义愈鲜明。不但要使女观众流泪，还要使男观众流泪。"

程俊英不负李老师的教诲，刻苦演练，体会人物感情，深刻领会人物的心理动态。这使她在演出中获得了很大成功，剧目缠绵悱恻，形象传神，充分表现出"五·四"时代知识界妇女要求摆脱吃人的封建礼教的束缚、争取婚姻自由的强烈愿望。

1927 年 5 月，程俊英听说李大钊先生为革命而牺牲的噩耗，流泪不止，肺腑似裂。沉痛的摘取庭中鲜花一束，向墙上挂的毕业照上李大钊像行三鞠躬礼，表示敬仰悼念之意。

为慰藉李大钊先生的英灵、不负老师的教育，程俊英一直以李老师的精神鼓励自己前进。解放前，她经常和大厦大学一些进步学生联系。学校要开除一些进步学生，程俊英设法援助，使有的同学还能留在学校做地下工作。解放前夕，有几位同学被捕，她力求丈夫张耀翔教授探望并营救他们。这在暗探密布，风声鹤唳的恶劣环境中，是难能可贵的。

解放后，程俊英决心努力改造自己，争取早日入党，积极为社会主义服务。对于一个老知识分子来说，这个历程是艰难的，但每当她想到李老师的教导，李老师为革命捐躯的英勇精神，便不气馁。个别老友善意地劝他："您已至耄耋之年，应该享受劳保的福利，何必常常写到深夜呢?"她感激这些人的关心，但她不能忘记李老师的教诲。她心里一直想："年纪大了，做什么都慢，只好'以勤补拙’了”。在文革当中，四害横行时期，她也没有退缩不前。十一届三中全会以后，她重振旧业，修改存稿，出版了《诗经漫话》《诗经译注》两本书，发表论文多篇，还和蒋见元同志合作，整理了几本古籍。

她心里总是想：“我听党的话，也就是听李老师的话”，勤勤恳恳为党工作，在古稀之年终于实现了自己多年的夙愿，在党旗下庄严宣誓，成为一名光荣的共产党员。

崔小萍不忘恩师曹禺

明年我还要再回来，一定再来看望您！

——崔小萍

曹禺（1910—1996），中国现代杰出的戏剧家，著有《雷雨》、《日出》、《原野》、《北京人》等著名作品，他一生共写过 8 部剧本。

曹禺，是台湾崔小萍的老师。

1989 年春天，曹禺先生因病住院时，收到一封国立剧专 21 位毕业学生（在台湾）的来信。信中写道：“老师因身体不适住进医院，我们心里非常挂念，真诚地为老师祈祷，敬祝老师早日康复。学生们因工作羁绊，脱离不开，不能一一前去问候老师，心里感到无限歉疚，近期一有机会，一定推派代表专程赶大陆去看望您。”洁白的信纸，潇洒的行书，多姿的签名……令曹禺先生心潮澎湃！转眼到了秋天，剧专六届校友崔小萍女士返回大陆探亲，在台湾的剧专校友纷纷托她一定要当面向曹禺先生问安。

一天下午，崔小萍女士带着台湾众多同学的祝福，到医院看望了老师曹禺先生及师母李玉茹。

曹先生身着病员睡衣，身体显得很虚弱。但当他听说是来自宝岛台湾的学生时，精神仍相当亢奋。

见到老师虚弱苍老的容颜，崔女士禁不住泪水夺眶而出，她急忙奔上前去，握着先生的手，真情地说道：“老师，我早就想来看您了，现在终于能见到您了！”

“谢谢。”曹先生凝视着崔小萍女士，心里努力追忆着这位近半个世纪前的学生的样子。

崔小萍接着说道：“我来的时候，台湾的校友都托我向您请安！他们都非常怀念您！我能回来见您，他们非常‘嫉妒’，说我独占了会见老师的幸运。”

“我在台湾没有改行，教书、导戏、写剧本，还是按照您当年教给我们的内容去教学生。”

曹先生接道：“过时了，怕不行了。”

“有一些演变，可主要内容永远有用，我就一直在用，有人把我看成是‘老派’，但我的戏一贴海报票就卖光了，只要观众欢迎就行。”

曹禺点头道：“观众是最公正的审判官。”

“老师，您的剧本《雷雨》《日出》《家》《北京人》都非常受台湾读者欢迎。您的作品深刻，人们看后都觉大开眼界，非常钦佩，评价极高！”

崔女士把一批自己导演的戏的说明书送给了曹先生。见他似乎仍在回忆，就拿出了一张自己当年在江安剧专时的照片给老师看，问道：“老师，您想起来了吗？”

曹先生点头说：“想起来一些了，是个小孩子么！”

崔小萍也调皮地说：“当时老师年纪也不大呀。”

“对，大概30岁，不，不到20多岁吧！”

一幕幕对往事的追忆，一句句暖人的话语，师恩难忘，情深意长，犹如一股暖流冲进了曹先生的心田。

崔小萍女士取出件真丝衬衣送给老师说：“老师，我看了您的照片，想象着估计了尺寸，买了这件衣服给您，我想一定合身的。”

“你真细心，谢谢！”曹先生的眼眶湿润了。他的思绪已远远超过了衬衫本身。

“上次，我托人求您题的字，我已经把它作为我的一本有关表演的书的书名。”

时间渐渐逝去，崔小萍不得不起身告辞，临行时她说：“明年我还要再回来，一定再来看望您！”

“回去向台湾的同学问好！谢谢你们对我的关心。”曹禺先生吃力地要站起身，崔小萍轻轻把她按在沙发里，又向老师注视良久，才拖着依依惜别的脚步慢慢离去……

张乐平冒雨探恩师

> 我一直记得陆老师教我第一次画漫画。
>
> ——张乐平

著名漫画家张乐平，原名张升。浙江海盐人，毕生从事漫画创作，画笔生涯达60个春秋。他所创作的三毛形象，妇孺皆知，名播海外，被誉为“三毛之父”。

父亲是位乡村教师。母亲擅长刺绣、剪纸，是张乐平最早的美术启蒙者。小时候教他美术的老师叫陆寅生。

1923年，北洋军阀曹锟用钱收买拉选票，谁要选他一票给大洋5千元。陆寅生老师就以这件丑闻为题材，指导张升画一幅政治漫画，嘲讽大军阀曹锟。这就是张乐平第一次画的漫画。这件事一直留在他的记忆中，终生不忘自己最尊敬的启蒙老师。

1927年，他在家乡反对军阀迎接北伐军宣传队作画。1929年开始，张乐平向上海各报纸投稿。30年代初期，他经常在《时代漫画》等刊物上发表漫画作品，逐渐成为上海漫画界较有影响的一员。

五十多年过去了，张乐平已成了著名的漫画大师。他一直惦记自己的老师，千方百计地打听老师的下落。

1981年3月，当他得知陆寅生老师仍健在，便不顾72岁的高龄，在一个春雨霏霏的早晨，一手提着蛋糕，一手打着雨伞，来到陆寅生老师家拜望。陆老师感到非常奇怪：为什么张乐平漫画大师会来看望他？张乐平向陆老师说：“陆老师，我就是当年海盐完小的学生张升啊！”陆老师对眼前这位老人看了又看，连声喊道：“像，像他，就是他！”接着他非常激动地说：“真想不到我这个《三毛流浪记》的老读者，居然这么多年一直不知道作者就是自己的学生。”张乐平也深情地说：“我可一直记得陆老师教我第一次画漫画呢!”陆老师更为感动，说：“这已是54年前的事了，你还记得，还特意来看我，真是难得啊!”

张乐平年过7旬仍然尊老的故事，一直被美术界传为佳话。

魏巍对老师的深情

在一个孩子的眼睛里，他的老师是多么慈爱，多么公平，多么伟大的人啊。

——魏巍

魏巍（1920—2008），河南郑州人，中国当代著名作家，1937年抗日战争爆发后参加八路军，1938年加入中国共产党。1939年开始发表诗歌和散文。主要作品有报告文学集《谁是最可爱的人》，散文杂文集《壮行集》，诗集《黎明风暴》《不断集》和长篇小说《东方》等。1950年底，奔赴朝鲜前线，和志愿军一起生活、战斗。回国后发表了一批文艺通讯，其中《谁是最可爱的人》在全国引起了广泛影响。从此，“最可爱的人”成了志愿军的代名词。1978年，创作完成了抗美援朝题材长篇小说《东方》，于1983年获首届茅盾文学奖。

魏巍8岁时，在县城新办的“平民小学”读书。在这里，魏巍遇到了一位终生难忘的女教师蔡芸芝先生。

蔡先生十分喜爱自己的学生，从不打骂学生，经常为孩子们安排丰富多彩的课外活动。教学生们跳舞，假日里带学生到自己家或女朋友的家里做客，让学生们在园子里观察蜜蜂，增长课外知识，使孩子们的生活充满色彩，身心健康发展。蔡先生还注重培养学生的爱好志趣。常用“歌唱的音调”教学生读一些诗。魏巍就是在她的教育下，开始接近文学、爱好文学的，这些都使魏巍终生难忘，深深的爱戴自己的老师。他在回忆中写道：“像这样的老师，学生们怎么会不愿接近她喜欢她呢!”“同学生们见到她就不由得围上去”，“即使她写字的时候，也默默地看着她，连她握铅笔的姿势都认真模仿。”

有一件小事，魏巍的心底一直深深地埋藏着。那时候，魏巍的父亲在军阀部队里当兵，好几天没有回来。母亲非常牵挂他，常常在神像前焚香磕头，卜问吉凶。魏巍虽不像母亲那样，也略略懂了些事。可是在孩子群中他的一些小“反对派”们，常常在他身边猛喊：“哎哟哟，你爹回不来了哟，他吃了炮子啰！”这使魏巍当时感到，真好象死了父亲似的那么悲伤。蔡老师知道这事后，热情地援助了魏巍，批评了那些小“反对派”们，还写了一封信劝慰魏巍，说他是“心清如水的学生”。这使魏巍幼小的心灵得到了莫大的抚慰。他念念不忘，在回忆中写道：“一个老师排除孩子世界的一件小小的纠纷，是多么平常，可是回想起来，那时候我却觉得她给了我莫大的支持。在一个孩子的眼睛里，他的老师是多么慈爱、多么公平、多么伟大的人啊。”这段话，满怀深情地抒发出他对老师的无比崇敬和热爱之情。

有一次，学校开始放暑假了，蔡老师收拾行装准备回家，魏巍默默地站在蔡老师的身旁，看老师收拾这样那样的东西。

对于一个孩子来说，暑假生活是轻松愉快、欢畅的，总觉得时间过得快。可魏巍因想念蔡老师，却感到暑假是那么的漫长。

在一个夏季的夜里，席子铺在当屋，旁边燃着蚊香，魏巍睡熟了。不知睡了多久，也不知是夜里的什么时辰，他忽然爬起来，迷迷糊糊地往外就走，母亲喊住他问：“你要去干什么？”

“找蔡老师去……”他模模糊糊地回答。

“不是放暑假了吗？”

“哦！”

这时魏巍才醒来，看看那块席子，自己已走出六七尺远了。母亲把他拉回来，劝说了一会，才又睡熟了。这是一个学生对他的老师多么深的依恋之情啊！

魏巍曾这样写道：“至今回想起来，我还觉得这是我记忆中的珍宝之一。一个孩子纯真的心，就是那些热恋的人们也难比啊！……什么时候，我能再见一见我的蔡老师呢！”

后来魏巍把这些事写成一篇文章——《我的老师》，写得情真意切，感人肺腑，充分表达了自己对蔡老师的无限热爱和思念之情。

李宁赠金牌

少一点预设的期待，那份对人的关怀会更自在。

——李宁

第23届洛杉矶奥运会上，男子体操决赛正在紧张地进行着。被称为“体操王子”的中国选手李宁的精彩表演，博得了全场热烈的掌声和欢呼声。“成功了，成功了！”李宁一人夺得了三枚金牌！

李宁兴奋得满脸通红，高高地举起双手，向沸腾的观众表示谢意，然后，立即向场边的教练张健老师跑去，师生紧紧拥抱在一起，许多观众都为这感人的一幕流下了热泪。

李宁在取得成功后，首先感激的是他的教练张健老师。他心里非常明白，那金光闪闪的奖牌上有张健老师的心血和汗水。

他跟着张健老师学习了4年体操。4年来，张老师费尽心思，根据李宁的特点，设计了一套又一套动作。每套动作设计出来，他就全力以赴，全神贯注地陪李宁练习，仔细、耐心地纠正李宁的每一个动作，直到满意为止。张教练为李宁设计的几套“绝招”在世界上是独一无二的。这是李宁屡次夺得世界体操冠军的基石。李宁常说：“我在场表现出来的一切，都是教练心血的体现。”

1983年第22届世界体操锦标赛，在团体赛最后单杠自选动作比赛的节骨眼上，李宁不慎失手，失去了成功的机会。李宁含泪走下场，心里痛苦极了。他不能原谅自己，自己给团体成绩拉了分……

李宁失手，张老师的心里很不是滋味，他理解李宁的心情，但不允许李宁这样沮丧。他走到李宁身边，用低沉而有力的声音说：“李宁，抬起头来！面对现实，才能奋发崛起！”事后，他又和李宁一起分析了失败的原因，总结了教训。

李宁就是这样在张健老师的培养下，很快成为世界冠军。在他夺得金牌的时候，他首先想到的是老师，永远忘记不了自己的老师。

洛杉矶奥运会结束后，李宁把自己夺得的三枚金牌，一枚送给了张健老师，一枚送给了他在广西体操队时的教练梁文杰老师，最后一枚留给自己作为纪念。

陈景润尊师

> 我非常想念王校长，非常感激王校长对我的培养和教育。
>
> ——陈景润

陈景润（1933—1996），福建福州人，中国著名数学家，厦门大学数学系毕业。1953 年至 1954 年在北京四中任教，因口齿不清，被拒绝上讲台授课，只可批改作业，后被“停职回乡养病”，调回厦门大学任资料员，同时研究数论，对组合数学与现代经济管理、科学实验、尖端技术、人类生活的密切关系等问题也作了研究。

1956 年调入中国科学院数学研究所。1980 年当选中科院物理学数学部委员。他研究哥德巴赫猜想和其他数论问题的成就，至今仍然在世界上遥遥领先，被称为哥德巴赫猜想第一人。

1982 年 4 月，厦门大学举行建校 60 周年的校庆活动。陈景润，这位二十四年前毕业于该校的数学家，带着对母校的深深思念，带着曾经对培育自己的师长们的深情厚意回到母校参加校庆。

4 月 5 日下午，当 175 次列车在厦门站徐徐停稳后，只见陈景润从 11 号车厢走下来，他向欢迎他的人们说的第一句话是：“我非常高兴回到母校来。”他接着兴奋地说：“在厦门大学当学生时的美好情景，是我一生中最难忘和最幸福的时期，我永远不会忘记教过我们的老师，我非常尊敬这些热心教育事业，给我们谆谆教导的老师们，是他们给予我许多指导和帮助。从离开学校到现在我每时每刻都怀念我亲爱的母校，怀念着教过我的老师。”

厦门大学的老校长王亚南，曾经对陈景润给予了无微不至的关心和爱护。陈景润格外怀念这位已故的老校长。返校第二天，天刚蒙蒙亮，他就来到王亚南校长的家里。一进门，陈景润紧紧握住年已七旬的王师母的双手，无限深情地说："我非常想念王校长，非常感激王校长对我的培养和教育。"王师母拉着他的手慈祥地说："我们在报上看到了你的照片，听到你取得成绩的消息，感到特别亲切。假如王亚南今天还活着，一定也是很高兴的。"陈景润来到王亚南校长的遗像前，与王师母一起回顾那令人难忘的往事。临别时，陈景润奉献给王师母一套珍贵的国画图片。

校庆日后的第二天，陈景润又出现在李文清教授家中，李教授曾经是陈景润向"哥德巴赫猜想"进军的启蒙老师。陈景润非常尊敬和感激他。他说："我到北京后，一直想着老师的培养和教育，现在搞研究工作，总觉得以前老师的指导和培养是非常重要的，基础是老师帮助我打下的。"他还把最近发表的数学论文交给李教授审阅，并在论文扉页上工工整整地写下："非常感谢老师的长期指导和培养——您的学生陈景润。"他又到方植得教授家拜访，他认真端详着方先生的慈容，慢悠悠地回忆说："那时我见先生头上只有一点白发，不象现在这么多哟……""我看到先生身体这么好，还是很健康，我心里真高兴呀！"师生两人哈哈大笑起来，笑得是那样快活，方教授望着这位已获得突出成就而对教师又如此恭敬的学生，不由得想起这位学生的一件往事：那是1977年，方植德教授到北京编写教材，陈景润听说后，立即打电话给方教授，但没联系上。陈景润在时间上是非常吝啬的，可是用来接待老师，他却格外大方，从中关村到方教授家，路上要花一、二个小时，他先后五次前去探望，都未碰面。尽管这样，陈景润心里仍觉得不安。当方教授回到厦门大学不久，就接到陈景润寄来的一封道歉信。信中这样写道："从我师到北京这一段时间内，生由于各方面的工作很多，……生在招待老师方面很不周到，望我师原谅。"为了让年迈的老师看得清楚，陈景润把稿纸上的两格当作一格用，字一笔一画，端端正正，"生"字写得特别小，以表示对老师的敬意。

教子有方

孟母三迁

人皆可以为尧舜。

——孟子

“孟母三迁”讲的是孟母为了教育儿子成才，选择良好的环境，为孟子创造学习条件的故事。

早年，孟子一家居住在城北的乡下，他家附近有一块墓地。墓地里，送葬的人忙忙碌碌，每天都有人在这里挖坑掘土。死者的亲人披麻戴孝，哭哭啼啼，吹鼓手吹吹打打，颇为热闹。年幼的孟子，模仿性很强，对这些事情感到很新奇，他看到这些情景，也学着他们的样子，一会儿假装孝子贤孙，哭哭啼啼，一会儿装着吹鼓手的样子。他和邻居的孩子嬉游时，也模仿出殡、送葬时的情景，拿着小铁锹挖土刨坑。

孟母一心想使孟子成为好读书、有学问的人，看到儿子的这些怪模样，心里很不好受。感到这个环境实在不利于孩子的成长，认为“此非所以居吾子也”，就决定搬家。

不久，孟母把家搬到城里。战国初期，商业已经相当发达，在一些较大的城市里，既有坐商的店铺，也有远来做生意的行商。孟子居住的那条街十分热闹，有卖杂货的，有做陶器的，还有榨油的油坊。孟子住家的西邻是打铁的，东邻是杀猪的。闹市上人来人往，络绎不绝。行商坐贾，高声叫卖，好不热闹。孟子天天在集市上闲逛，对商人的叫卖声最感兴趣，每天都学着他们的样子喊叫喧闹，模仿商人做买卖。孟母觉得家居闹市对孩子更没有好影响，于是又搬家。这次搬到城东的学宫对面。

学宫是国家兴办的教育机构，聚集着许多既有学问又懂礼仪的读书人。学宫里书声朗朗，可把孟子吸引住了。他时常跑到学宫门前张望，有时还看到老师带领学生演习周礼。周礼，就是周朝的一套祭祀、朝拜、来往的礼节仪式。在这种气氛的熏陶下，孟子也和邻居的孩子们做着演习周礼的游戏。“设俎豆，揖让进退。”不久，孟子就进这所学宫学习礼乐、射御、术数、六艺。孟母非常高兴，就定居下来了。

孤儿寡母，搬一次家绝非易事，而孟母为了儿子的成长，竟然接连三次搬迁，可见孟母深知客观环境对于儿童成长的重要性。常言说：“近朱者赤，近墨者黑”，这一点在少年儿童身上体现得更为明显。因此，创造良好的客观环境虽然不是一个人成才的唯一条件，但也是其中必不可少的条件之一。孟子以后既没有选择墨学、道学等曾经显赫一时的学说，又没有像苏秦等纵横家那样，从个人的权利思想出发，图得个人平生的快意，而是偏偏选择儒家学说作为他毕生奋斗的事业，终于成为一位在现实的人生中，不为一己之身而谋，舍生取义，只为忧世忧人而谋国、谋天下的“圣人”，这与孟母从小的关爱是分不开的。

孟母买肉啖子

恭者不侮人，俭者不夺人。

——孟子

孟母不仅重视客观环境对少年孟子的影响，而且十分注重言传身教，以自己的一言一行，一举一动来启发教育孟子。“买肉啖子”的故事，讲的就是孟母如何以自己的言行，对孟子施以诚实不欺的品德教育的故事。

有一次，邻居家磨刀霍霍，正准备杀猪。孟子见了很好奇，就跑去问母亲："邻居在干什么？""在杀猪。""杀猪干什么？"孟母听了，笑了笑，随口说道："是给你吃啊。"刚说完这句话，孟母就后悔了，心想邻居不是为了孩子杀的猪，我却欺骗了他，这不是在教他说谎吗？为了弥补这个过失，孟母真的买来了邻居的猪肉给孟子吃了。

孟母断机教子

> 学而时习之，不亦说乎。
>
> ——孔子

"断机教子"讲的是孟母鼓励孟子读书不要半途而废的故事。

孟子少年读书时，开始也很不用功。有一次，孟子放学回家，孟母正坐在机前织布，她问儿子："《论语》的《学而》篇会背诵了吗？"孟子回答说："会背诵了。"孟母高兴地说："你背给我听听。"可是孟子总是翻来覆去地背诵这么一句话："子曰：'学而时习之，不亦说乎？'"孟母听了又生气又伤心，举起一把刀，"嘶"地一声，一下就把刚刚织好的布割断了，麻线纷纷落在地上。孟子看到母亲把辛辛苦苦才织好的布割断了，心里既害怕又不明白其中的原因，忙问母亲出了什么事。孟母教训儿子说："学习就像织布一样，你不专心读书，就像断了的麻布，布断了再也接不起来了。学习如果不时时努力，常常温故而知新，就永远也学不到本领。"说到伤心处，孟母呜呜咽咽地哭了起来。孟子很受触动，从此以后，他牢牢地记住母亲的话，起早贪黑，刻苦读书。

孟母施教的种种作法，对于孟子的成长及其思想的发展影响极大。良好的环境使孟子很早就受到礼仪风气的熏陶，并养成了诚实不欺的品德和坚韧刻苦的求学精神，为他以后致力于儒家思想的研究和发展打下了坚实而稳固的基础。

曾国藩教子的故事

> 用殴打来教育孩子，不过和类人猿教养它的后代相类似。
>
> ——马卡连柯

曾国藩（1811—1872），清末湘军首领。他权管四省，位列三公，拜相封侯，谥称“文正”。他的儿子可算得上是“正牌高干子弟”了。然而，儿子曾纪泽和曾纪鸿都没有变成“衙内”和“大少爷”。曾纪泽诗文书画俱佳，又自学英文，成为清朝的著名外交家；曾纪鸿不幸早死，研究古算学亦取得相当成就。不仅儿子个个成才，孙辈还出了曾广均这样的诗人，曾孙辈又出了曾宝荪、曾约农这样的教育家和学者。这是什么原因呢？原因就在于曾国藩教子有方，“爱之以其道”。

别的不说，就他不为子女谋求任何特殊化、教儿节俭创业这两件事，就可令人们深思一番。

咸丰六年（1856年）十一月五日，他给纪泽写了一封信。信中说：“世家子弟，最易犯一‘奢’字、一‘傲’字。不必锦衣玉食而后谓之奢也，但使皮袍呢褂俯拾即是，与马仆从习惯为常。此即日趋于奢矣，见乡人则嗤其朴陋，见雇工则颐指气使，此即日习于傲矣。……京师子弟子之坏，未有不由于骄奢二字者，尔与诸弟其戒之，至嘱，至嘱。”

同治元年（1862年）五月二十七日又给纪鸿写信说：“凡世家子弟，衣食起居，无一不与寒士相同，庶可以成大器；若沾染富贵气习，则难望有成。”

同治三年（1864年）七月，曾国藩受封侯爵，纪鸿正赴长沙考试，国藩特别写信告诫：“尔在外以谦谨二字为主，世家子弟，门第过盛，万目所属。……场前不可与州县往来，不可送条子，进身自始，务知自重。”

他对女儿也同样严格。咸丰十一年八月二十四日致女儿：“衣服不宜多制，尤其不宜大镶大缘，过于绚烂。”

他还告诉儿女、家眷：“今家中境地虽渐宽裕，且有福不可享尽，有势不可使尽。勤字工夫，第一贵早起，第二贵有恒。俭字工夫，第一莫着华丽衣服，第二莫多用仆婢雇工……只要人肯立志，都可以做得到的。”

他还要求：“吾家男子于看、读、写、作四字缺一不可。女子于衣、食、粗、细四字缺一不可。家勤则兴，人勤则健；能勤能俭，永不贫贱。”

司马光爱子教育

由俭入奢易，由奢入俭难。

——司马光

司马光是北宋大臣、史学家，他的一生不仅自己生活十分俭朴，更把俭朴作为爱护子女的重要内容。

他常说“平生衣取蔽寒，食取充腹”，但却“不敢服垢弊以矫俗于名”。他教育儿子说，食丰而生奢，阔盛而生侈。为了使儿子认识崇尚俭朴的重要，他以家书的体裁写了一篇论俭约的文章。在文章中他强烈反对生活奢糜，极力提倡节俭朴实，并明确指出：古人以俭约为美德，今人以俭约而约而遭讥笑，实在是要不得的。他告诫儿子：“侈则多欲。君子多欲则贪慕富贵，枉道速祸；小人多欲则多求妄用，败家丧身。”

司马光还不断告诫孩子说：读书要认真，工作要踏实，生活要俭朴，具备这些道德品质，才能修身、齐家，乃至治国、平天下。在他的教育下，儿子司马康从小就懂得俭朴的重要性，并以俭朴自律。他历任校书郎、著作郎兼任侍讲，也以博古通今，为人廉洁和生活俭朴而称誉于后世。

据有关史料记载，司马光在工作和生活中都十分注意教育孩子力戒奢侈，谨身节用。为了完成《资治通鉴》这部历史巨著，他不但找来范祖禹、刘恕、刘攽当助手，还要自己的儿子司马康参加这项工作。当他看到儿子读书用指甲抓书页时，非常生气，认真地传授了他爱护书籍的方法：读书前，先要把书桌擦干净，垫上桌布；读书时，要坐得端端正正；翻书页时，要先用右手拇指的侧面把书页的边缘托起，再用食指轻轻盖住以揭开一页。他教诫儿子说：做生意的人要多积蓄一些本钱，读书人就应该好好爱护书籍。为了实现著书立说治国鉴的理想，他15年始终不懈，经常抱病工作。他的亲朋好友劝他“宜少节烦劳”，他回答说：“先王曰，死生命也。”

在生活方面，司马光节俭纯朴，“平生衣取蔽寒，食取充腹”，但却“不敢服垢弊以矫俗于名”。他常常教育儿子说，食丰而生奢，阔盛而生侈。为了使儿子认识崇尚俭朴的重要，他以家书的体裁写了一篇论俭约的文章。在文章中他强烈反对生活奢靡，极力提倡节俭朴实。

在文中他明确指出：其一，不满于奢靡陋习。他说，古人以俭约为美德，今人以俭约而遭讥笑，实在是要不得的。他又说，近几年来，风俗颓弊，讲排场，摆阔气，当差的走卒穿的衣服和士人差不多，下地的农夫也脚上穿着丝鞋。为了酬宾会友“常数月营聚”，大操大办。他非常痛恶这种糜烂陋习，为此，他慨叹道：“居位者虽不能禁，忍助之乎！”其二，提倡节俭美德。司马光赞扬了宋真宗、仁宗时李亢、鲁宗道和张文节等官员的俭约作风，并为儿子引张文节的话“由俭入奢易，由奢入俭难”告诫儿子这句至理名言是“大贤之深谋远虑，岂庸人所及哉”。接着，他又引春秋时鲁国大夫御孙说的话：“俭，德之共也；侈，恶之大也。”接着，他对道德和俭约的关系作了辩证而详尽的解释。他说：“言有德者皆由俭来也。夫俭则寡欲。君子寡欲则不役于物，可以直道而行；小人寡欲则能谨身节用，远罪丰家。”反之，“侈则多欲。君子多欲则贪慕富贵，枉道速祸；小人多欲则多求妄用，败家丧身。”其三，教子力戒奢侈以齐家。司马光为了教育儿子警惕奢侈的祸害，常常详细列举史事以为鉴戒。他曾对儿子说过：西晋时何曾“日食万钱，至孙以骄溢倾家”；石崇“以奢靡夸人，卒以此死东市。”近世寇准生活豪侈冠于一时，“子孙习其家风，今多穷困”。

司马光还不断告诫孩子说：读书要认真，工作要踏实，生活要俭朴，表面上看来都不是经国大事，然而，实质上是兴家繁国之基业。正是这些道德品质，才能修身、齐家，乃至治国、平天下。司马光关于“由俭入奢易，由奢入俭难”的警句，已成为世人传诵的名言。在他的教育下，儿子司马康从小就懂得俭朴的重要性，并以俭朴自律。他历任校书郎、著作郎兼任侍讲，也以博古通今、为人廉洁和生活俭朴而称誉于后世。

舒乙忆老舍的关爱

> 舒乙，你带了几根皮带？
>
> ——老舍

父亲原名舒庆春，1899 年 2 月 3 日出生于北京一个满族贫民家庭。1918 年北京师范学校毕业后，他担任过小学校长和中学教员，1924 年赴英国伦敦大学东方学院做汉语讲师，并从事小说创作。1930 年回国后任济南齐鲁大学、青岛山东大学教授。抗日战争爆发后，他下汉口、赴重庆，并被选为中华文艺界抗敌协会理事兼总务部主任。1946 年 3 月，父亲接受美国国务院邀请，赴美讲学并写作。1949 年 12 月 12 日，他从美国返京，担任中国文联副主席、中国作家协会副主席等职。父亲一生写了约八百万字的作品，并曾因创作优秀话剧《龙须沟》而被授予“人民艺术家”称号。

我的母亲原名玉贞，1905 年出生于北京一个满族普通人家，少女时期就喜爱美术和文学。1931 年，她毕业于北京师范大学国文系，并在同年 7 月，与相知相恋一年多的父亲喜结良缘，开始了他们历经磨难而又丰富多彩的人生之路。母亲早年先后在济南、青岛及重庆等地任教。1951 年拜齐白石为师并深得其真传。1958 年起她担任北京画院画师，为国家一级美术师。

父母一共生育儿女四个。我的姐姐舒济，大妹妹舒雨，小妹妹舒立，如今都事业有成。

我幼年受到母亲的影响爱画画，父亲特别支持。每当家里有客人来，他都会对我说："小乙，把你的画拿出来给大家看看吧。"他既给我表现的机会，又鼓励我发展正当的特长和兴趣。这样，我也喜欢到我家附近的小山坡上，煞有介事地做出认真写生的样子。这时候，父亲只要有空，就会兴致勃勃地踱过来，同我一起坐在草地上，拿过铅笔左描右画说："来，爸爸教你怎么画……"父亲本来不会画画，但因为他是师范出身，会教，有一套一套的理论，让我受益匪浅。

我们几个小孩子兴起了集邮热，便到处收捡信封。父亲知道之后，不仅帮助我们一起搜集，而且还经常给我们详细讲解外国邮票上的英文意思，使我们从邮票中获得了很多知识。另外，他对我喜欢唱歌、刻印及积极参与学生会的社会活动，都很赞同。

1946 年 3 月，应美国国务院的邀请，父亲与曹禺先生赴美讲学。当年，家里最高兴的一件事，莫过于收到父亲从大洋彼岸寄回来的信件和礼物了。1949 年底，父亲应周总理的邀请回到北京，用 100 匹白布买下了东城丰富胡同 19 号一个小院，准备全家团圆。

1950 年初夏，我们从重庆坐火车去首都。那时我已是一个 15 岁的小伙子了。父亲焦急地站在月台上迎接我们，他一看见我走下车厢扶梯，突然微笑着把手伸了过来，并操着那一口地道悦耳的京片子说："你好，舒乙！"父亲这种郑重其事的举动，可把我吓了一大跳。原来，从小到大，还从来没有人跟我握手寒暄过呢。一直以来，母亲及周围的大人总是叫我"小乙"，从来也没有人说"舒乙怎么怎么样"。可是，万万想不到自己的父亲久别重逢的第一面，却给了我如此耳目一新的"突然袭击"！他实际上是在传递一种信息，也是他的一种主张：自己的子侄辈，只要达到一定年龄，大家都是平等的，都是一样的。

进入我们的新家，院子里的各种菊花姹紫嫣红。我们姐弟几个兴致勃勃地参观各间房间，发觉父亲按照自己的兴趣和风格，把这里装点成了一个文人之家。

父亲非常喜爱这个家，他亲自动手布置陈设，每天仔细打扫，还用花木精心装点。在他和母亲的苦心经营下，这静谧宽敞的小院仅菊花就有几百盆之多。

父亲是一个非常勤奋的作家，写作是他的职业与生命。有时候，我们兄妹几个在家中忘乎所以地疯吵疯闹，母亲就会赶过来摇手制止说："喂，你们爸爸正在动脑筋写作呢，可不能大声吵闹打搅他！我向妹妹伸了伸舌头，赶快连连点头："妈妈，我们知道了……"兄妹几人一哄而散。

随着年岁的增长，对父亲的感激和理解也与日俱增。他每天都在写作，从未有过节假日。即使是在举国欢庆、万家团圆的除夕之夜，他也不忍就此搁笔，总是想方设法做一些与创作相关的事情。譬如，常常制作一些谜语，让我们来猜。这样既活跃了家庭气氛，又保持了他自己创作的连续性。

在几个姐妹之中，数小妹妹舒立跟父亲一起生活的时间最长，也最受父亲的宠爱。本来，母亲早有规定，为了保证父亲有安静的写作环境，子女中的任何同学都不准带到家里来玩。可是，随着小妹逐渐长大，母亲就慢慢开禁了。当小妹的同学来家串门时，父亲不仅非常欢迎，还爱与小姑娘们开玩笑。

我们姐弟几个在家中非常自由，父亲从来不板着脸管教我们，连我们学习成绩差了他都不骂我们。小妹妹上中学的时候，有一天回到家中突然大哭鼻子。父亲觉得十分奇怪，连忙盯着她轻声细语地问："咦，你怎么了？"妹妹撅着嘴抽泣说："爸爸，我的数学只考了60分。"父亲的眉毛扬了起来："60分？60分也很高嘛！你比爸爸好嘛，我小时候的数学还不及格呢！"妹妹半信半疑地说："真的吗？我可不相信！再说，我如果老是考60分的话，将来考不上大学怎么办？"父亲乐呵呵地说："考不上大学，你就待在家中好了，我来教你英文！"回忆父亲的教育思想，按照现代人的眼光来看，也是极其超前的。

1953年6月，我从北京二中毕业后，顺利通过了留学苏联的考试，父亲对此非常高兴。我被国家派往苏联列宁格勒林业工程大学学习林业化学工艺专业，1959年学成回国。我在异国深造的几年里，父亲三次到苏联开会，都专程到列宁格勒来看我。

父亲特别尊重我们的兴趣，从不干涉我们选择专业，当我们姐弟四人先后上大学的时候，尽管没有一人选择文学专业去继承父亲的衣钵，但父亲没有丝毫的懊丧和遗憾，反而显得非常高兴，十分支持我们。

父亲对我们子女的婚事，同样采取了理解的态度，充分尊重孩子们的自由选择，在我举行婚礼的当天，他兴高采烈地请了两桌客，招待亲家和少数老朋友。饭后，大家都起哄请他表演节目，他十分风趣地说："各位，我如今当了公公，就不好意思当众唱戏了，因为那不太'雅观'。干脆，咱们改说故事，行吗？"父亲绘声绘色的喜庆故事，乐得众人前仰后合。

虽然父亲把我当成朋友对待，还常常和我讨论一些严肃的问题，我反而常常强烈地感觉到，在他心里我永远都是他的小孩子。只是作为一个男人、一个老人，他表达关心的方式极其可爱。有一次，那时我已经是将近而立之年的国家干部了，因为要去东北出差，临行前特意向父亲告别。他很关切地问我："车票带了吗？"我说："带好了。"想不到这时他又说："咳，你还是拿给我瞧瞧吧。"那时候的车票是小小的硬卡片，我非常费劲地从内衣口袋中掏出车票，他接过去仔细看了看，知道确实有车票，他才放下心来。更想不到的是，父亲又出乎意料地问："舒乙，你带了几根皮带？"我大惑不解地答："什么几根皮带？只有一根呀！"他摇了摇头说："不成，我看应该要两根！"我还是不懂，追问道："爸爸，干什么要两根皮带呀？"他摇一摇头又说："不成，我看应该要两根！"他一边起身找出一根皮带，一边神情严肃地解释说："嘿，你们年轻人考虑问题不那么周全。我问你，万一那根断了呢，可非抓瞎不可。来吧，快把我这根也拿上！""哎哟，爸爸，您可真逗……"我感到好笑地转身跑掉了。

后来，想起父亲询问的这两个奇怪的问题，让我整整笑了一路。总而言之，深厚的父爱表达得竟是如此奇怪独特，真让我回味无穷、感慨不已！

鲁迅的爱子艺术

> 近世对于儿童教育最伟大的人物，我第一个推崇鲁迅先生。
>
> ——柳亚子

鲁迅（1881—1936），我国鼎鼎有名的大文豪，原名周樟寿，后改名为周树人，字豫亭，后又改为豫才，浙江绍兴人。他时常穿一件朴素的中式长衫，浓密的胡须形成了一个隶书的“一”字。毛主席评价他是伟大的无产阶级的文学家、思想家、革命家，是中国文化历史中的主将。

鲁迅出生在浙江绍兴府城内东厂房口。他幼年丧父，生活寒苦，就靠母亲和姐姐帮人洗衣服维持生计。共有179个笔名，在1918年5月，首次以“鲁迅”作笔名，发表了中国文学史上第一篇白话小说《狂人日记》。

鲁迅是文化革命的闯将。因他擅写杂文，嘻笑怒骂皆成文章，有人就认为他一脸正气，为人严肃，缺少人情味。其实，鲁迅既有“横眉冷对千夫指”的一面，也有“俯首甘为孺子牛”的一面。他在家庭中，便是一位宽厚的丈夫，慈爱的父亲。且看他1932年一首题为《答客俏》的诗：

无情未必真豪杰，怜子如何不丈夫。

知否兴风狂啸者，回眸时看小於菟。

这首诗用“於菟”即老虎也懂得爱子作比喻，说明英雄豪杰也应懂得怜家爱子，从而生动地表达了鲁迅热爱孩子的深厚感情。

1927年10月，鲁迅与许广平在上海喜结良缘。1929年9月，生下一个儿子，此时鲁迅已年近半百。他晚年得子，自然喜爱万分。夫妇俩人喜孜孜地为孩子起名，起了一个又一个，最后才决定叫“海婴”。为什么要起这个名字呢？鲁迅说：“因为是在上海生的，是个婴儿。这名字读起来颇悦耳，字也通俗，却绝不会雷同。译成别国文字也简便，而且古时候的男人也有用婴字的。如果他大起来不高兴这名字，随便改过也可以。横竖我自己也是另起名字的。这个暂时用用也还好。”

鲁迅对海婴倾注了全部的父爱。每天深夜12时至凌晨2时，他一定要轻轻上楼，察看海婴的睡眠情况。如果小家伙把棉被蹬飞了，就细心替他盖好。孩子睡足之后，他就逗孩子玩。孩子倦了，就把孩子抱在自己的手臂上，在房间里来回走动，哼着催眠曲，用轻柔动听的儿歌，把海婴送进梦乡。海婴病了，鲁迅更是彻夜守护。正如许广平所说的：“他是尽了很大的力量，努力分担那可能范围里的为父之责的。”

海婴渐渐长大了，鲁迅就有选择地带他去看电影。凡是益于儿童身心健康的，如《泰山之子》《米老鼠》及世界风光类的影片，鲁迅常常带他去观看。一次，吃晚饭时，海婴听说饮誉世界的海京伯马戏团到上海演出，高兴得手舞足蹈。但鲁迅考虑到马戏团大多为猛兽表演，且在深夜临睡前，怕海婴受到惊吓，终于没有带他去看。海婴为此嚎啕大哭了一场。父亲知道海婴很难过，第二天便耐心地对他说明了原因，答应别找机会，白天陪他去看。鲁迅在1933年10月20日的《日记》中有这样一条记载："午后同广平携海婴去海京伯兽苑。"这件事给海婴印象很深，以后每提及此事，海婴就动情地说："父亲对我如此真心的爱，使我认识到一个人如何才能当一个好父亲。"

鲁迅不仅喜爱孩子，而且理解孩子，重视教育孩子。他曾经在《我们现在怎样做父亲》一文中这样写道："自己背着沿袭的重担，肩住了黑暗的闸门，放他们到亮阔光明的地方去，此后幸福地度日，合理地做人。"他把儿童看作民族的未来，国家的希望，竭力反对两种沿袭的错误教育方法：一种是粗暴压服的方法，对儿童非打即骂，使得儿童从小唯唯诺诺，低声下气，思想愚钝，目光呆滞，父母却美其名曰"听话"，自以为是教育的成功，其实这类孩子长大以后，"如暂出樊笼的小禽，他决不会飞鸣，也不会跳跃。"另一种是娇生惯养的方法，任其跋扈，放任不管，使儿童在家里成了"小霸王"，要什么给什么，待到将来走到社会，"便如失了网的蜘蛛一般，立刻毫无能力。"

鲁迅提倡，对儿童要了解他们的心灵世界，懂得他们的兴趣和喜好。他曾经说："孩子的世界，与成人截然不同；倘不先行理解，一味蛮做，便有碍于孩子的发展。"有一天，鲁迅在家里请朋友吃饭，桌上摆了一盘鱼丸子，海婴面前也放了一小碟，他好动，先夹了一个尝尝，觉得味道不新鲜，就嚷菜坏了。大家从大盘中拣来尝了尝，都说是新鲜的，以为是孩子瞎嚷，就不去理他。但鲁迅却认真地对待孩子的意见，把海婴碟子里的拣来尝了尝，果然味道变了，赶紧吐了出来。鲁迅说："孩子说不新鲜，一定有他的道理，不加以查看就抹杀是不对的。"

鲁迅认为，对儿童要循循善诱，教给他们文化知识，使他们明辨事理。儿童天真活泼，喜欢游戏，有爱美的天性，大人要注意发展儿童的想象力和求知欲。他曾经说过："孩子是可以信服的，他常常想到星月以上的境界，想到地面以下的情形，想到花卉的用处，想到昆虫的语言，他想飞上天空，他想潜入蚁穴……”因此，对孩子们提出的问题，鲁迅总是不厌其烦地给予解答。

有一天，海婴问鲁迅：“爸爸，你们是谁养出来的?”

“是爸爸妈妈的爸爸妈妈养出来的。”

“爸爸妈妈的爸爸妈妈，一直到从前，最早的时候，人是哪里来的?”

这追溯到物种起源的问题，鲁迅便告诉他是从原子——单细胞来的。但是海婴还是刨根问底：“没有原子的时候，所有的东西又是从什么地方来的?”

这问题不是几句话可以回答得了的，而且也不是五六岁的孩子所能理解的，但为了不使孩子失望，鲁迅还是耐心地告诉他：“等你大一点读书了，先生会告诉你的。”

鲁迅是著名的文学家，他的小说和文章闻名中外，但他对自己的孩子，不是硬性要求他继承父业，而是“顺其自然”，并告诫孩子“万不可去做空头文学家或美术家”。

鲁迅曾经指出：“游戏是儿童最正当的行为，玩具是儿童的天使。”鲁迅就是从孩子摆弄玩具中，根据儿童的特点，引导、发展他们的兴趣爱好，促使其健康成才的。

鲁迅发现海婴从小对理工知识有兴趣，便给海婴买来一套木工工具的玩具。小海婴捧如至宝，常常用它敲敲打打，那认真的神态，俨然像一个小工程师在盖房子。鲁迅还常常带海婴到郊外去玩，欣赏清清的河水，鲜艳的野花，嫩绿的庄稼，追逐漂亮的蝴蝶，捕捉有趣的昆虫。野外的新鲜空气，滋润着海婴稚嫩的心田。

一次，鲁迅好友瞿秋白（当时化名何凝），送海婴一套苏联儿童玩具，这是一种类似积木的铁制玩具，有上百个金属零件，可以组装出各种各样的玩意儿，小到简单的翘翘板，大到复杂的起重机、飞机等。瞿秋白的夫人杨之华在玩具盒上用娟秀的笔体，写明一共有多少零件，如何玩法。鲁迅和许广平慎重地对小海婴说：“这是何叔叔、何叔母从苏联带给你的，你可要格外爱惜。”小海婴迷上了“积铁”，一玩就是半天。他由玩“积铁”

开始，迷上了理工技术，小小年纪就能拆钟、修锁、装矿石收音机了。

梁启超对孩子的爱护

> 人生百年，立于幼学。
>
> ——梁启超

梁启超（1873—1929），字卓如，号任公，又号饮冰室主人、饮冰子、哀时客、中国之新民、自由斋主人等。广东新会人。中国近代维新派代表人物，学者。中国近代史上著名的政治活动家、启蒙思想家、资产阶级宣传家、教育家、史学家和文学家。戊戌变法（百日维新）领袖之一。曾倡导文体改良的“诗界革命”和“小说界革命”。其著作合编为《饮冰室合集》。

梁启超是近代著名的资产阶级改良家、著名学者，同时还是一位杰出的教育家。

在对子女的爱护方面，梁启超堪称极其成功者。他有九个子女（五子四女），在他的教育下，个个道德高尚，才华出众，具有爱国主义精神，后来都成为对祖国有杰出贡献的杰出人才。

梁启超很重视对子女进行道德品质方面的教育，并以自己崇高的道德情操为子女们树立了光辉的榜样。他从小就要求孩子们一定要艰苦朴素，在艰苦的环境中锻炼自己。他说：“生当乱世，要吃得苦，才能站得住，一个人在物质上的享用，只要能维持生命便够了，至于快乐与否，全不是物质上可以支配。能在困苦中求得快活，才真是会打算盘哩。”他教育子女们要热爱生活，适应环境。

梁启超的次子梁思永，曾在美国哈佛大学攻读考古学和人类学。1930年学成回国，正是国内战火不断的时代。他在十分艰苦的条件下，长期从事考古工作，曾主持山东章丘龙山镇和河南安阳后冈、西北冈等重要发掘，并首先确定仰韶、龙山和商文化的相对年代。梁启超的四女梁思宁，在南开大学读一年级时，因日机轰炸而失学。她抱着满腔的爱国热忱投奔新四军，奔赴抗日前线。梁启超的幼子梁思礼，1924 年才出生。当他 5 岁时，梁启超就去世了。他 17 岁赴美求学，边打工边读书，在饭馆里洗碗碟，在游泳池当救生员，什么都干，苦读八年，终于获博士学位。回国后从事电子科学研究工作，是我国著名的火箭专家，曾获国家科技进步特等奖，并当选为国际宇航科学院院士。

梁启超在家庭教育中很注意引导孩子们追求知识的兴趣，培养他们好学深思的习惯。他很尊重孩子们的个性和志趣，根据每个孩子的特点因材施教，并以平等商量的方法设想每个孩子的发展方向。

在治学方法上，梁启超要求每个儿女既要专精又要广博，他在对子女的谈话及通信中指出："思成所学太专门了，我希望你趁毕业后一两年，分出点光阴多学些常识，尤其是文学或人文科学之类，稍多用点功夫。我怕你因所学太专门之故，把生活也弄成近于单调；太单调的生活容易厌倦，厌倦即为苦恼，乃至堕落之根源。"他以自己为例说："我生平趣味极多，而对于自己所做的事，总是津津有味，什么悲观咧，厌世咧，这种字句，我所用的字典里头可以说完全没有。"他要求次女梁思庄"在专门学科之外，还要选一两种关于自己娱乐的学问，如音乐、文学、美术等"。他对梁思成说："做学问总要'猛火熬'和'慢火炖'两种工作，循环交互着用去，在慢火炖时才能令所熬的起消化作用，融洽而实有诸己。"

梁启超不断鼓励孩子们战胜学业上的困难，继续前进，要效法古人"读万卷书，行万里路"的治学精神，同时也要培养和提高自己的实践能力。当学建筑的梁思成在美国完成学业之后，梁启超要他到欧洲考察一二年，再结合对中国古建筑的考察研究以形成自己的学问。当学考古的梁思永完成了在美国的学业之后，梁启超立即安排他回国实习并收集中国的有关史料。

丁玲母亲的爱子经验

教育技巧的全部奥秘也就在于如何爱护儿童。

——苏霍姆林斯基

丁玲的母亲蒋胜眉在常德女子师范和长沙稻田第一女子师范学校读了两年书后，回到常德女子小学担任学监。刚毅、自强的蒋胜眉对女儿从不娇宠溺爱。她十分重视对孩子的教育，亲自教女儿读《古文观止》《论语》《孟子》。在母亲的影响下，丁玲从小博览群书，打下了深厚的文学基础。

1918 年夏，14 岁的丁玲以优异成绩从小学毕业。暑假中，母亲送她到桃源县报考第二女子师范学校。那时，学校要学生缴纳保证金，母亲没钱，留下一枚金戒指，托女管理员变卖。那位女管理员将戒指卖了后，把交保证金余下的两元多钱交给丁玲，说："你妈妈生活很艰苦，这钱可不能乱花。"丁玲拿着钱，想着这些年来母女俩的艰苦生活，眼眶都红了。她小心地把钱放在小木箱里，用换洗衣服压着，一直没舍得花，到寒假回常德时才用了几角钱做路费。

正当学期快结束时，"五四"运动爆发了。同学们上街游行，丁玲也投入了这场斗争。她从小受母亲的思想影响，带头把发辫剪了。学生会还办了贫民夜校，向附近贫苦妇女宣传反帝反封建，给她们上识字课。丁玲在夜校教珠算，因为她年龄最小，学生们都管她叫"崽崽先生"。

暑假回到家，舅妈一看见她剪了发，冷冷地说："身体发肤，受之父母，不可毁伤。"丁玲不客气地回答："既然不可毁伤，人的耳朵为何要穿眼，你的脚为什么要变得像个粽子？你那是束缚，我这是解放。"

丁玲高兴地向母亲讲述学校的各种新鲜事。母亲看见女儿在思想上、功课上都有进步，也非常欣慰。母亲告诉女儿，在"五四"运动中，她领着学生游行、喊口号，也参加各种活动，并且已经辞去省立女子高小管理员职位，专办妇女俭德会附属小学。眼下她除了继续办俭德女子小学以外，又在东门外为贫苦女孩办了一个小小的“工读互助团”，学生可以不交学费学文化，还可以得到点工钱帮补家庭。母亲受向警予寄来的书信文章的激励，常阅读《新青年》等进步书刊，积极参加社会工作。丁玲看见母亲虽已四十多岁，却仍然热情洋溢，精神饱满，公而忘私，向往未来，也感到高兴。

暑假过后，丁玲向母亲提出一个要求，希望转学到长沙周南女子中学去。这所女子中学是湖南有名的学校，向警予、蔡畅都是这个学校出来的。“五四”运动期间这所学校也很活跃。母亲始终是信任和支持女儿的，只是这所学校是私立的，要学费、膳宿费、书籍纸张费，这在母亲微薄的薪金中自然是笔不小的支出。但是母亲考虑女儿的前途，仍然答应了女儿的要求，并亲自送女儿去长沙。丁玲在周南读完二年级，因不堪校长阻碍学生参加社会活动，又转学到岳云中学。

1922 年春节，丁玲应王剑虹之约准备去陈独秀、李达等创办的上海平民女校学习，舅舅出面粗暴干涉，他要求丁玲再过半年毕业后与表哥结婚。母亲却支持女儿，她认为孩子求知识，找出路，要学最切实的学问，是正确的。为此，家庭内闹了一场纠纷。最终，丁玲摆脱了包办婚约和其他纠缠，放弃了即将拿到手的毕业文凭，于 1922 年春天来到上海，在这里接受了中国共产党的教育。她把名字改为冰之，废姓以蔑视传统意识。

1923 年暑假，丁玲在上海见到向警予。向警予同丁玲谈起她母亲时说：“你母亲是一个非凡的人，是一个有理想、有毅力的妇女。她非常困苦，为环境所固，不容易有大的作为，她是把全部希望寄托在你身上的。”向警予的这一番话，深深地打动了丁玲的心，始终激励着她奋发向上。

李烈钧将军教子故事

无情未必真豪杰，怜子如何不丈夫。

——鲁迅

李烈钧将军是辛亥革命的参与者，民国初年当过江西都督，“讨袁”任过五省联军总司令，曾经慷慨高呼：“宁做自由鬼，不做专制奴。”后来又当过孙中山先生的广东军政府和大元帅府的参谋总长，北伐军滇、黔、赣联军总司令等。李将军为人正直，严以律己，曾为推翻封建帝制、建立民主共和、促进南北统一和团结抗日作出卓越的贡献。

李将军戎马征战，公务繁忙，但并未放松家教，他有李赣驹、李赣骥、李赣骅三个儿子，从小对他们管教很严。兄弟三人年幼时，李将军都让他们剃平顶头，每天晚上临睡前，要他们排着队，挨个儿在父母亲面前背诵庭训：“一点点好事都要做，一点点坏事都不能做”；“子孙不如我，要钱做什么。子孙强于我，要钱做什么！”这些庭训，都是平时李将军教训儿子的警言，每天让儿子在父母面前认真严肃地背诵一遍，晓以大理，无疑起着强化作用。而且，背庭训时那种严肃的气氛本身，就使孩子们体会到，只有心口相符，言行一致，才不会辜负父母的期望。

宋氏夫妇爱子经

这样宽宏大量，这样勇敢坚强，真是了不起。

——宋嘉树

宋嘉树（1864—1918），字耀如，教名查理·琼斯，生于海南岛文昌县韩姓人家，原名韩乔孙，1875 年随宋姓堂舅赴美洲古巴，遂改姓宋。1894 年夏，孙中山与陆皓东北上途经上海，与宋相识，两人对革命志同道合。民国成立后，宋嘉树曾随孙中山访问日本，二次革命时，宋全家避居日本。宋育有子女六人，依次为霭龄、庆龄、子文、美龄、子良、子安。

宋嘉树在教育子女时表现出的“敢为天下先”的精神，受到当今父母的称道。

宋氏夫妇的三个女儿——宋霭龄、宋庆龄、宋美龄，在中国近代史上具有特殊的地位。宋嘉树教子坚持了三个最基本的思想：一是“不计毁誉，务必古先”，二是男女都一样；三是和孩子们做朋友。

宋嘉树追随孙中山先生革命，首先在自己的家庭开辟了一块没有封建主义樊篱的乐园，使三个女儿有幸在民主、平等、先进的生活环境中健康成长。

宋霭龄和宋美龄天子聪颖，大胆泼辣，在她们只有 5 岁时，宋嘉树就送她们到寄宿学校中的女塾读书。宋庆龄与姐姐和妹妹一样聪明，却不像姐妹那样大胆泼辣，锋芒毕露。7 岁时，父亲也送她到中西女塾读书。宋霭龄 13 岁时，宋嘉树夫妇把她孤身一人送到美国求学，使宋霭龄成为中国近代史上最早赴美国接受高等教育的女子之一。

1908 年，宋氏夫妇又把二女儿宋庆龄一同送到美国接受教育。当时宋美龄年仅 11 岁。由于年龄小，在威斯里安女子学校注册为特别生。宋嘉树使这三姐妹在早期教育上占了先，在接受西方教育上占了先，在女子接受高等教育上占了先。

宋霭龄极富音乐和表演方面的才华，宋氏夫妇便努力做大女儿表演的最佳“搭档”。在傍晚时分，常常是由宋夫人熟练而凝神地弹奏钢琴，几个兄弟姐妹围在一起，听宋嘉树和大女儿的男女生二重唱。静听着父亲那纯美洪亮的嗓音随着琴声哼出的美国南方民歌，宋霭龄、宋庆龄和弟妹们从心底升腾起对父母的崇拜、敬仰和热爱。

宋庆龄生性稳重、腼腆，和姐妹兄弟们在一起时，她总是最文静的一个。不过宋嘉树为孩子们营造的生活环境和气氛，也使小庆龄于天性之外受到补益。在假期里，三姐妹和小兄弟们在院子里玩耍，爬过院墙到别人的田地里嬉戏；他们到田野里奔跑，采集花草，捕捉虫鸟，无拘无束地尽情欢笑。有一次，姐妹兄弟玩“拉黄包车”的游戏，宋霭龄装作黄包车夫，宋庆龄扮成乘客，小妹小弟跟在身后又蹦又跳。正玩得开心时，不料“车夫”拉车用力过猛，双手失去控制，一下把“乘客”抛了出去。“车夫”愣在那里傻了眼，知道自己闯了祸；“乘客”又疼痛又委屈，满脸不高兴。这件事被宋嘉树知道了，他慈爱地对宋霭龄说：“做游戏也要有分寸，‘黄包车夫’可不光是使力气呀！伤了乘客还怎么拉生意呢？”小霭龄不好意思地笑了。宋嘉树又笑着对宋庆龄说：“我们的‘乘客’这样宽宏大量，这样勇敢坚强，真是了不起！”小庆龄受到父亲的夸赞和鼓励，一脸的阴云散去了。长大以后，庆龄真的成为一位既富有爱心和宽容，又面对邪恶势力敢于斗争的伟大女性！

邓稼先尊父爱女

> 问君何能尔，心远地自偏。
>
> ——陶渊明

我国著名核物理学家，原子弹的开拓、创始人之一，1999 年中共中央、中央军委、国务院“二弹一星”元勋奖获得者邓稼先是在中西合璧的家庭里接受教育成长起来的。父亲凛然的民族气节，对儿子的郑重嘱托，严格不失慈爱、正统不失活泼的教育，给了邓稼先一块成长的沃土，使他像一棵茁壮的树木直参蓝天。值得一提的是邓稼先自己也成为一位成功的父亲——他用自己有力的手，托起了女儿事业上的一片蓝天。

邓稼先于 1924 年 6 月 25 日诞生在安徽省怀宁县白麟坂已有二百多年历史的邓石如的宅第，是邓石如的六世孙。

邓石如被推崇为清代篆刻、书法第一大家，号“完白山人”。宅第是典型的南方木结构房屋，房内挂满名家字画，古色古香。现在，这里作为清代文物景点之一供人参观，而邓石如的墨宝则珍藏在故宫博物馆及安徽省博物馆。

在这灵山秀水，文墨濡染的环境中出生的邓稼先，几个月后由温顺善良，勤俭贤惠的母亲王淑蠲带着从老家到了父亲工作的北平。这是精华集萃的经济文化中心。这时，少年时代在老家读诗文，画山水后赴美国哥伦比亚大学攻读美学和美术史的父亲邓以蛰，已是清华大学教授了。他安在北京的家不算考究，但院子宽敞：种有古朴苍劲的龙槐爪和清香宜人的丁香。这里是他幼年玩耍成长的天堂。

邓稼先 5 岁上学，在家附近的武定候胡同小学读一年级。课余，父亲命他去陆老先生家馆中借读，特请王老先生教孩子们读《左传》《论语》《诗经》《尔雅》。父亲课余则在书房里让儿子背诵古书给他听。这使父亲的挚友张奚若不解：受过欧美文化熏陶的好友居然让孩子背这些东西？就说现在什么时候了，你还让孩子读这些东西？父亲笑着说："我不过是让孩子知道一下中国文化里有些什么东西，这是有好处的。"这时邓稼先猛然发觉穿蓝色中式短褂的父亲的眼神已由原先的严肃化为慈祥。

学贯中西的邓以蛰浓厚的儒家学者气质中透出一种翩翩的西洋风度。他不但让儿子念四书五经，同时还将外国名著介绍给儿子，对儿子的英语教育尤其严格，亲自当启蒙老师，指导正确学习方法。他要求严格，但不用孔孟伦常的严规厉矩束缚孩子心性。空闲时，和儿子下棋、放风筝，像朋友似的谈天说地。他的心时刻在孩子身上，连出访意、英、法等六国时还写信与夫人谈教育："我们是小孩子们亲爱的父母，而不是他们的阎王……"他就是这样汲取西方教育精华，用于家教。

1935 年邓稼先考入志成中学，认识了高他二级的杨振宁，在杨振宁的影响下对物理产生了兴趣。父亲见儿子喜欢数学，便请老师教他。儿子呢，常常做题到深夜。第二天母亲见稿纸一地，便理齐交给他。

当邓稼先对人生与社会刚有认识之时，却碰上 1937 年的七七事变。日寇入侵打乱了他平静的读书生活。强烈的民族屈辱感激荡着他的心。他和同学集会，讨论国家前途。日本鬼子规定挂日本旗的地方，中国人经过要行礼，他深感屈辱宁愿绕道走。

日本侵略者一旦占领中国某地，便强迫学生拿着小旗庆祝。夺了我国土地还让我国学生庆祝？他怒火填膺，气愤之下三下二下将旗帜撕烂，掷在路旁。当晚校长来家说："日本人在查，很快会有人告发。还是快走吧！到大后方昆明去。"父亲觉得为了安全也只能这样。母亲为儿子准备了行装。临行，一直看着墙上挂着的《完白山人放鹤图》的父亲缓缓将目光移到儿子身上，以一种他从没见过的目光久久地注视着他："稼先，我只有一句话，以后你记住：一定要学科学，不要像我一样学文。学科学对国家才是有用的！"这句话邓稼先牢牢地记住了。并在多年以后，成为国家科学事业的中流砥柱，建立了不可磨灭的功勋。

翌日，姐弟俩南下经香港到河内，转辗到昆明上了父亲替他选择好的九中。邓稼先在逃亡中读完了中学。1941 年考上西南联大物理系。1948 年 10 月赴美，成为普渡大学物理系研究生。

1950 年邓稼先拿到博士学位正值新中国建立，他立刻决定回国将自己的才华献给祖国。在中科院原子能研究所一干八年。后经钱三强点将，1958 年调入第二机械工业部任九院理论部主任。开始了长达 28 年的研制核武器的漫长历程，是核武器研究的奠基人开拓者之一。

1962 年他领导起草第一颗原子弹理论方案，参与、指导核试验爆炸模拟试验，探索氢弹设计原理。原子弹成功后，致力于核武器的实战化、高性能小型化研究。

由于他长期在大西北原子弹基地，与家人长年分开。再逢十年动乱学校没怎么上课，1977 年恢复高考时，在内蒙插队，后返京在箱子厂当了四年工人的女儿典典，没学过物理，连牛顿定律都不知道。在短时间内补习中学课程，连老师都说无法补。刚好有工作在京三个月的邓稼先亲自上阵。

教科书买不到，从旧书摊淘来一本半文言的书。令女儿下班回家吃完饭马上睡觉，夜晚 11 点起来他给典典补数、理到凌晨二三点。父女拼命三个月，一步跨过五年的课程。一次大院放电影，典典心烦，说"这么吵，还怎么复习？"父亲便念："结庐在人境，而无车马喧。问君何能尔，心远地自偏。"典典就渐渐安定下来。这年姐弟俩同时考入大学。

1985 年典典去美国读研究生。

由于殚精竭虑，再加上受核幅射影响，他患了癌症。在生命最后时刻，他还挣扎着给中共中央写了建议书，写好后颤抖着手交给妻子让她转交，并叮嘱："它比你的命更重要！"

1986年7月20日，领导急召邓稼先在美国读书的女儿回来，让他们父女见最后一面。父亲看到女儿穿着简朴，满意地点头。后问起女儿美国的生活和看法。女儿说她不喜欢奢华的生活，她追求的是人生的价值。他笑了。几天后，这位伟大的国家功勋和优秀的父亲溘然而逝。临死时他只说了四个字："死而无憾。"

画家李苦禅的教子故事

> 必须拿出父母全部的爱、全部的智慧和所有的才能，才能培养出伟大的人来。
>
> ——马卡连柯

李苦禅（1898—1983），名英，字苦禅。山东高唐人。1925年就学于北平艺术专科学校西画系。不久为艺术大师齐白石知遇，欣纳门下，开始学习中国画。毕业后曾先后在北京师范学校、杭州艺术专科学校任教。建国后，历任中央美术学院教授，第六届中国人民政治协商会议全国委员会委员等。一生从事美术创作和美术教育六十余载，其花鸟大写意画具有特色，吸取石涛、八大山人、扬州画派、吴昌硕、齐白石等前辈技法，其国画如著名的《松鹰图》《育鸡图》《水边即景》等，笔法大气，气势磅礴，形神兼备，是国画史中不可多得的精品。

李燕子承父业，也迷上了绘画，李苦禅便经常对儿子说："人，必先有人格，尔后才有画格；人无品格，下笔无方。秦桧并非无才，他书法相当不错，只因人格恶劣，遂令百代世人切齿痛恨，见其手迹无不撕碎如厕或立时焚之。据说留其书不祥，会招祸殃，实则是憎恶其人，自不会美其作品了。"

李苦禅自己说到做到，率先示范。1937年北京沦陷了，伪“新民会”妄图拉拢社会名流为其装点门面，派人来请李苦禅“出山”：“您要答应了，有您的官做，后头跟个挎匣子（枪）的，比县长还神气哩！”李苦禅不为所动，凛然拒绝。此后，他断然辞去教学职务，以卖画为生。

父亲的言行，儿子看在眼里，听在耳里，记在心里，化为行动。“文革”结束后，有天，李苦禅叫来儿子，说有关部门通知前往认领散乱的查抄物品。他对儿子再三叮嘱：“上次叶浅予和陆鸿年把错领的那些东西都退给咱们了。这正是看人心眼儿的时候，咱们要错领了，也要还人家啊！”也正让李苦禅说着了，李燕在领到的“杂画一批”中发现一卷二十件黄宾虹未装裱之作，上有二三件书有李可染的上款。李燕遵父嘱，当即交还工作人员，并立即通知李可染。李可染见心爱之物璧还，喜不自胜。李苦禅听说后，也非常高兴。当时在场的友人开玩笑说：“何不趁此跟那位李先生讨幅牛？”原来李可染画牛是出了名的。但李苦禅连连说：“物归原主是做可！”李苦禅逝世后，李燕曾在《风雨砚边录——李苦禅及其艺术》一书中详细谈到此事。由此可见，父亲的品格教育对他的影响之深。

李苦禅教育儿子从艺，不是就事论事，而是“先苦其心志，劳其筋骨，饿其体肤”。他对儿子说：“干艺术是苦事，喜欢养尊处优不行。古来多少有成就的文化人都是穷出身，怕苦，是不出来的。”接着，他结合自己从艺的过程，说：“我有个好条件——出身苦，又不怕苦。当年，我每每出去画画，一画就是整天，带块干粮，再向老农要根大葱，就算一顿饭啦！”在父亲的教导下，李燕不怕风吹日晒，不畏爬山涉水，长期坚持野外写生。

1980年，李苦禅父子赴香港举办“李苦禅、李燕父子书画展”。在宴会上，盛情的主人问李苦禅：“您老喜欢用点什么？”他笑着说：“我是——有腿的不吃板凳，有翅的不吃飞机。”“客气啦！请点菜嘛！”主人把菜谱递给他。“我会点什么？我是挤混合面儿、杂合面儿（日军侵占北京时的一种劣等粮）过来的，会点什么！”

对李燕用的速写工具，李苦禅要求越简便越好。李燕理解父亲的用心，用铁窗纱钉在木框上，边上系一个塑料小墨盒（筒形），再钉上一叠毛边线，随画随翻。父亲看了后感到很满意，说“又轻便，又实用，而且便宜。”李苦禅对工作、生活条件要求不高，但对艺术却精益求精，一丝不苟。

李苦禅要求儿子“画自己的东西，创自己的笔墨”，自成风格。他还讲了这样一个故事：从前，有两个道士看见一个瞎眼老头从南边走来，路中间有块大石头挡着。一个道士说：“老头，从左边绕过来！”另一个道士则说：“老头，从右边绕过来！”你猜，老头怎么着？他一下子从石头上蹦过来了。说完故事，李苦禅说：“作画就要这样，‘画思当如天岸马，画家常似人中龙’。画画不可人云亦云，落入前人窠臼。”

李苦禅的这种教子方法是高明的。踩着父辈的足迹前进，虽说便捷、安全，但却是一种不成大器的方法，只有让晚辈走自己的路，画自己的东西，才能独树一帜，有所成就。

何香凝对廖承志的爱护

> 我望着摇篮，我的儿子在成长，我没有休息的权利！
>
> ——何塞·马蒂

在中国近现代史上，廖承志的母亲何香凝女士是一位受人敬仰的杰出女性。毛泽东曾高度赞誉她“为中华民族树立模范”。她曾是孙中山的战友，又始终是中国共产党人的朋友，在协助丈夫廖仲恺斗争多年后，还鼓励廖承志、廖梦醒都投身到共产党领导的革命队伍。她自己奋斗的一生也成为妇女解放运动中的光辉典范。

何香凝，1878 年 6 月出身于香港富商之家。1902 年，23 岁的她为寻找救国真理，继丈夫之后到日本留学。何香凝早年曾学习传统中国画，1908 年入东京木乡女子美术学校学习彩画、临画、写生等课程，同时向日本帝室画师田中赖章学习画狮、虎等动物画。1910 年何香凝从日本归国后辗转于港、穗、沪及日本之间，为革命奔波，曾任国民党中央执行委员、妇女部长、中央委员等职。

去日本的那一年，何香凝生下儿子廖承志。廖承志生下来的时候又肥又壮，虎头虎脑，于是父母亲给他起了一个小名：肥仔。肥仔出生后不久，父母就开始了漂泊无定的流亡生涯，日本竟成了他的第二故乡。

多年来，何香凝以卖画换得“买米钱”，她署名“双清楼主”的作品名扬海内外。她在日本美术学校时就得到名师辅导，后来又长年潜心于水墨丹青，还常与国内大师切磋。何香凝的绘画作品讲究立意，她常借描绘松、梅、竹、狮、虎及山川等，抒情明志。直至八十多岁，她在家中仍不时作画，且功力不减。在她那些充满斗争之意的作品中，不仅记录了20世纪初以来社会政治的变幻风云，同时也是她70年革命生涯和高尚品格的生动写照。

廖承志从小受母亲熏陶，也喜爱绘画。何香凝作画时，他专心守候在母亲身旁，一边研墨，一边琢磨。有时实在忍不住，就提笔画起小人像来。虽然笔法稚嫩，但人物却栩栩如生。当何香凝发现儿子的特长后，十分惊喜，决心把儿子的绘画天才好好发挥出来。于是，每当她完成一幅画作后，就要求儿子补画一个“小娃儿”。在母亲的精心指导下，廖承志的绘画技艺进步很快，不论素描、国画、漫画，无不得心应手。

更重要的是，何香凝不但教给孩子如何画画，还熏陶廖承志高尚的画品和人品。何香凝一生为革命所做的一切，以及表现出来的卓尔不群的品格，给廖承志带来了巨大的影响。在母亲崇高情操的浸染下，廖承志在长期的革命斗争中，一方面与敌人周旋，一方面用画笔表达自己的情感。

从廖承志的身上，人们看到了一个革命者顽强的意志和不同凡响的品格。这一切和何香凝在面对逆境时所表现出来的正气与人格品质有着惊人的相似。廖承志不但秉承了母亲的画品和人品，就连母子俩对于蒋介石的态度，都有着一脉相承的坚决。

有一次，廖承志被特务抓捕后，解送到重庆，蒋介石曾以“世伯”身份面见，并劝说：“如果放了你，想留你在我身边，怎么样？”没料到廖承志却当面痛斥蒋背叛了孙中山先生的事业，他刚正不阿、正义凛然的精神深受党内同志敬佩。他的一生，和母亲何香凝一样，为革命事业和民族振兴，真正做到了鞠躬尽瘁、死而后已。

缪印堂的漫画与他父母

既然是自己选择的，就不要后悔。

——缪印堂

著名的漫画大师缪印堂先生的漫画作品曾在10多个国家展出；他的科技漫画曾多次在国外获奖；他著书立说，被作为名人，列入《国际名人传词典》。几十年来，在漫画世界里，他以醉心的兴趣和创新的精神打造着他那一份其乐无穷的事业。他感激地说："是父母的支持成就了我这份其乐无穷的事业。"

缪印堂，1935年出生在江苏南京市，他的父母都是做生意的，他们懂得一个最朴实的教育道理，那就是千万别让孩子学坏，一旦学坏就难管教了。

缪家父母性情开朗乐观，无论白天多么劳累，晚上一家人总是喜欢围在一起说说话，讲一些健康的笑话、俚语、谚语，讲一些幽默诙谐的故事和街头巷尾发生的轶闻趣事。缪印堂就是在这种充满快乐的气氛中，增长了快乐和智慧，而且还懂得了故事中所包含的很多做人的道理。这些故事对他选取素材和创作，有着很大帮助。缪印堂父母也希望用这种方式能让孩子明辨是非。他们认为这比说教打骂有用得多，他们"要提前给孩子打预防针"，不希望孩子有什么劣迹之后再去管教，那样为时已晚。所以，缪家父母再忙也要关注孩子。有一阵子，他们发现缪印堂每天放学回来都很晚，就开始悄悄地观察，原来，儿子就在他们家门口的小书摊上。看见儿子沉醉在小画书中的样子，妈妈不但不因为他晚回家而生气，反倒很高兴，她认为爱看书的孩子是不会学坏的。从此以后，妈妈就特意多给一点零花钱让他租书看。得到父母的支持，缪印堂更觉得那个小书摊是他快乐的天堂。

小画书中，那刀光剑影、千姿百态的人物造型令缪印堂百看不厌，由此他喜欢上了搜集花花绿绿的糖纸和各种造型的火花。更让他醉心的是香烟盒里印有《水浒传》108将的小卡片，还有《红楼梦》《西游记》里的人物画像。缪印堂说："其实现在在方便面里放的卡，就是跟那时学的。"从他那得意的神态里，你还能捕捉出他孩童时代盎然的兴趣。后来，他又喜欢上了搜集漫画。就这样，他在暖阳中搜集着快乐，也搜集着浓郁的兴趣。父母虽然不知道孩子搜集这些管什么用，但只知道孩子很快乐，而这又都是正当的爱好，既然是正当的爱好，那就支持。有时父母还帮他积攒，和他一块欣赏。虽然父母不懂如何开发孩子的兴趣，但他们能够很好地保护孩子的兴趣和爱好，这使缪印堂受益一生。

要是有人问缪印堂漫画创作时触动灵感的秘密武器是什么，他会自豪地说："小本本随身带。"的确，他喜欢用眼观察，喜欢动脑思考和喜欢动手记录，而这种良好习惯的养成是与父母的支持分不开的。

父母看到缪印堂经常把搜集来的画片贴在小本上，并在旁边空白处配上自己的插图，就毫不吝啬地为他买笔买纸买本子。对于漂亮的小本本，缪印堂总是爱不释手，他觉得除了贴画，还应写点什么，于是缪印堂开始动笔了。他喜欢观察人喜怒哀乐时的表情，爱琢磨人们的心理活动，然后把人们的心理活动通过他们的表情勾勒在自己心爱的小本本上。这种习惯，一直延续至今。

如今，缪印堂的小本本已有十几本，上面有自己瞬间的火花碰撞，有家长里短的连珠妙语，有搜集的形象或文字材料，或寥寥几笔的勾勒，或寥寥数语的记录。缪印堂把这些都比做"白薯"，他把对这些素材的加工过程看成是"烤白薯"，他说只有将这些"白薯"精心烤至一定的火候，那诱人的香味才会弥漫开来……

初三的时候，缪印堂因病休学在家。于是，他以前搜集的糖纸、火花、卡片、漫画可有了用武之地，它们不但可供缪印堂欣赏，而且还可供他模仿，画上有什么他就画什么。"啊，画得跟真的一样！"在父母的赞扬声中，缪印堂似乎觉得病痛减轻了一些，而且越画越上瘾。就这样，一直到治好了病，他把各类人物的神态、表情描摹得惟妙惟肖了。有一次，他在一本

《时事画刊》中，看到了有一个栏目叫“群众习作”，上面专门刊登工人、解放军、学生的漫画作品，这给了他极大的诱惑。他开动脑筋，创作了三幅画，寄给了报社。没想到一投即中，漫画作品打响了第一炮，缪印堂的创作激情燃烧起来，从此一发而不可收。如今，缪印堂一想起这段往事，眼睛里依然闪烁着兴奋的光芒。

1953 年，缪印堂面临两个选择，一是报考大学，这对重点中学毕业的他来说不在话下，另一个是去北京的新华日报社做漫画编辑。眼中只有漫画的他一想到大学里没有漫画专业，就毅然决定跟着自己的感觉走，选择去做编辑。父母虽然也希望儿子上大学，然后找一个好的职业，可是，看到儿子对漫画的兴趣是那么浓厚，明理的父母也只好把自己的意愿深藏心底。因为他们明白一个浅显的道理，那就是：一件事，只有喜欢，才能做得持久；做得持久了，才能做出成效。事实上，这句话在缪印堂身上得到了验证。面对儿子的选择，他们只是送给儿子一句话：“既然是自己选择的，就不要后悔。”于是，一个背着简单行囊的年轻人坚定而快乐地只身北上。他也因此走上了漫画艺术的漫漫征途，而且从来也没有后悔过。

从自己的成长经历中，缪先生有一种体会，他说漫画既可以给人带来快乐，也能带来智慧。他希望孩子们能够走近漫画，学会如何进行创造性思维，长大后，无论干什么，都能去创造性地工作。

作家晓苏的爱女经验

我一定要将她培养成一个合格的人。

——晓苏

晓苏，男，中国作家协会会员，湖北省作家协会理事，一级作家，华中师范大学文学院教授，《语文教学与研究》杂志社主编。代表作有长篇小说《苦笑记》，短篇小说《侯己的汇款单》获蒲松龄全国短篇小说奖。

晓苏的女儿，是武汉大学的学生。爱护孩子时，晓苏这样对自己说："我不一定能将女儿培养成一个合格的人才，但我一定要将她培养成一个合格的人。"晓苏认为，合格的人应该有孝心、有爱心、有良心、有事业心、有责任心、有同情心。他就很注重从小培养女儿的这些品性。

女儿读小学时，在《小学生天地》杂志上发表第一篇文章得到了50元稿费，晓苏让女儿把这笔钱寄给了远在老家的爷爷。

女儿初一那年暑假，还在上小学的堂弟从外地到武汉过暑假，晓苏就让女儿照顾。中午他特意不赶回家为两个孩子做饭，而是打电话询问女儿打算怎样安排弟弟的午餐，并给女儿一些提示，例如家里有些什么吃的可以做。在这个过程中，女儿并不觉得是负担，反而为自己能独自照顾好弟弟感到很骄傲。

晓苏称，品性的培养看似跟学业无关，其实内在有着很深的联系。女儿读书一直很用功，跟女儿的一颗孝心不无关系，她不希望辜负父母对她的期望，同时从小培养她做事要有责任心，让她对学业有了一份责任感，上中学后，她还主动要求培优自己的薄弱科目。

女儿一直很喜欢写东西，这和晓苏从小培养她"记录生活"的习惯有关。女儿刚开始学写作文时，晓苏就帮助女儿记录生活，每天帮助女儿回忆难忘的片断，在一个轻松的气氛下询问女儿感觉开心或难过的事。他先是鼓励女儿说，发现很有趣或很有感触的事，就鼓励女儿写出来。因为是有感而发，女儿也很乐意写，而且写起来很顺手，渐渐地女儿学会了记录生活，喜欢把自己的喜怒哀乐记录下来。

晓苏认为，写作应该从细节开始，孩子刚开始学写作文时，写不写得出一篇文章并不重要，但一定要学会写有细节的片断。

刚开始，家长可帮助孩子观察细节，鼓励孩子写小片断，这些都应该是以孩子的亲身经历为前提。有些家长让孩子写命题作文，写一些自己没体验过的内容，这样一定写不好作文。

蔡志忠的爱护子女秘方

> 生了孩子，还要想着怎样教育，才能使这生下来的孩子将来成为完全的人。
>
> ——鲁迅

蔡志忠，1948年2月2日出生于台湾彰化茄冬。15岁中途辍学后只身到台北，开始连环漫画创作；1971年出任光启社电视美术指导；1977年，白手起家，创立远东卡通公司；1981年，另创龙卡通公司；此间，拍摄了《七彩卡通老夫子》《乌龙院》等卡通电影，《老夫子》曾获金马奖最佳卡通电影长片奖；1983年，开始在各报刊发表四格漫画作品，并在新加坡、马来西亚、香港、日本的报章长期连载；1984年，自组个人漫画工作室作品；1985年，获选为台湾十大杰出青年；1999年，获荷兰克劳斯王子基金会奖。

蔡志忠喜欢狼，“是狼启发了我”，他始终这样认定。蔡志忠相信，狼在大自然那极度恶劣的生态圈中一代又一代所形成的顽强竞争力，正是得益于“不加施教”。所以，他决定对独生女儿也“不加施教”。

他喜欢让女儿自己拿主意：记得那时女儿还不识字，每当带她上餐馆点菜，蔡志忠从不为她擅作主张，而是拿起菜单，一一念给小家伙听，让她自己选择想吃的餐点。

带女儿去动物园玩，他又会在关着狼的笼子前驻足。他问女儿，你知不知道“狼”字为什么从“良”，而不是从“劣”？女儿摇了摇头，他便娓娓解释道：“因为是狼淘汰了生物圈中所有不胜任的角色，狼是兽中之良者哦！”

后来女儿念书了，一次数学考试竟然考了个零分！妈妈在旁又气又急，好脾气的蔡志忠却并没有怎么骂她。他一边安抚妻子不要太焦虑，一边郑重其事地和女儿讲，要不要做功课，要做什么才好，你自己判断。

一家子后来移民加拿大，到了周末，当女儿缠着说要开车郊游时，蔡志忠还是让女儿自己拿主意："那你自己想去哪里？"女儿于是又得歪着头，自己来找答案。在这"不加施教"中，女儿却潜移默化地接受了生存能力的教育，明白了"我想要什么"，"我该怎么做"。

加拿大的学校选修课特别多，如何让女儿选择一个方向去发展？她不是爱画画吗，于是，从此蔡志忠画室里多了一张画桌，跟父亲一起画吧。

又是星期六，女儿要去动物园，路过一个美术馆，进去看看吧？"不加施教"中暗地施教，"听之任之"中巧妙引导，艺术甘霖悄然流进了女儿的心田，那里也绽开了一束自由生长的花。

女儿开始了成为一个设计师的梦想。她画各种画，妙趣横生，人小志气大，不服输的她向编辑讨价："为什么我爸爸四幅可赚2000块，我的却只有200块？"她也像爸爸小时候一样，经常突发奇想："三明治为什么是方的而不是圆的？""汉堡包为什么没有尖呢？"

蔡志忠一年几乎有一半时间在外工作、旅行，妻子也因为拍广告经常不在家。怕女儿寂寞，就为她请了保姆，谁知她并不领情："我才不要有人陪呢！一个人在家更自在，想干什么就干什么！"

那年父亲节，女儿用十来张画纸订在一起，给蔡志忠做了一份特殊的礼物。画纸上，每一张许一个愿，比如，"今年自己独立清扫房间"，"给爸爸泡一次咖啡"，"送爸爸一件不算过分的礼品"，等等。

看着女儿的礼物，蔡志忠笑了，女儿多像儿时的自己啊，活得那么有条理，那么自由和完整。也许会有人对此提出非议，认为女儿没有接好父亲的班，没有"青出于蓝而胜于蓝"，还认为她的经历太顺畅了，不利于她的成长。但蔡志忠不这样看。记得香港一家报纸的编辑约他写一篇题为《崎岖的道路》的自传，他摇摇头，说自己没有"崎岖的道路"，如果改题《平坦的大道》倒是可以写一写。为什么非要挑那种不好的路来走呢，这是哪一家的规矩，蔡志忠感到奇怪。

蔡志忠相信，规矩都是由兔子定出来的，但打破规矩的永远是豺狼，而豺狼的微笑，就是成功者的微笑。他是这样告诉自己的，也是这样告诉女儿的。

刘墉对儿女的不同关爱

她能一心多用，不正好适应了这个资讯发达的时代吗？

——刘墉

刘墉，号梦然，1949年生于台北，祖籍北京，画家、作家。

著名作家、画家、教育家刘墉有一双儿女，儿子叫刘轩，已获得哈佛大学博士学位，并出版了四本书，女儿叫刘倚帆，才貌双全，14岁便以优异成绩，获得美国“总统奖”。虽是同胞兄妹，可刘墉对儿女的教育方式却明显不同。他对儿子承袭了中国传统的教育方式，告诫儿子：“你必须成功，不能失败。”而对比哥哥小了17岁的女儿则给予更多的鼓励。

儿子小时候种花，不敢用手和泥，刘墉就和了一堆稀泥，强迫儿子把手伸进去；儿子看电视他要管；儿子打电话他要限制；为了锻炼儿子的胆量，他把儿子送到曼哈顿“毒蛇猛兽出没”的地方上中学，每天路上要花3个小时；儿子考上哈佛大学，他带着儿子跪在爷爷坟前说，你的孙子考上了哈佛大学！

刘墉这种“强权教育”让儿子出类拔萃的同时，也让父子关系一度变得很紧张。儿子对刘墉说：“你为什么老是管着我，而对妹妹却那么温柔?”儿子开始跟刘墉唱反调，大学报了心理学系，他对刘墉说：“你知道我为什么报心理学系吗？因为你有病，将来好给你治玻”。

正是这些啼笑皆非、可笑又可爱的情感纠葛，才使刘墉有了更多的教育子女的独家心得。他总结自己的教训说，以前，对儿子的事安排得面面俱到，后来才发现，这使出儿子养成了做事不负责的坏习惯。父母过度包办就会使孩子不懂礼貌、不懂得珍惜，这是家庭教育中最忌讳的事。

教育孩子没有现成的模式可套，对于这一点，刘墉有着切身的体会。儿子虽是哈佛博士，可经常不务正业，到动物园给狮子、老虎照相。一天，刘墉去看舞台剧，发现那个忽而辣妹、忽而扮小丑的演员竟是儿子。他气不打一处来，回家跟妻子说养了个“没用”的儿子。朋友开导他：“这有什么奇怪的？你年轻时不就很调皮吗？”刘墉想，还真是的，时代不同了，做父母的应该与时俱进。后来，他对儿子放宽了，给他自由，效果反而更好。儿子跑到阿拉斯加拍立体电影，又出书又做公司，事业做得很成功。

在教育孩子方面，刘墉非常善于倾听别人的意见。有朋友暗示刘墉，父母太聪明了，孩子往往比较笨。比如，一个聪明的妈妈，在孩子只张了一下嘴就冲过去说，你要喝奶吗？好，来了，喝吧。那孩子根本用不着讲话，怎么会有语言天分呢？后来，刘墉慢慢修正自己的教育方法，在女儿的成长中，尽可能地放开手脚，让她自己管自己。夜里两三点了，女儿还在洗澡、听音乐，他提醒了一遍，便不管了。第二天，女儿哈欠连天地去上课，自然就会意识到生活有规律才能提高学习效率。

女儿12岁时，迷上了露脐装。他对女儿说，露肚脐娃娃是可爱，可这会不会着凉感冒呢？不用多说，女儿一下就知道爸爸的意思了。每个孩子的情况不一样，教育方法也不一样。女儿可以趴在地毯上一边看电视一边做功课，“她有本事这样每科照样拿A，我有什么话可说呢？”刘墉说。女儿一边听音乐，一边上网，一边做功课，她能一心多用，不正好适应了这个资讯发达的时代吗？

刘墉给了女儿一个自由发展的空间，但在某些必修课上，他的要求还是非常严厉的。一次，女儿学汉语发音不准还咯咯直笑。他板着脸，命令她一遍遍重来，不读准不罢休。他认为，学中文是华裔后代的必修课，来不得半点马虎。

表面上，刘墉是个“强势”父亲，实际上，他与儿女的沟通非常有趣。一次，刘墉感到刘轩弹钢琴时错了一个音符，儿子说没错，刘墉就把他的头拍了一下。事后一看，是自己弄错了，他开玩笑地给了刘轩5块钱赔偿他的“精神损失”。而刘轩又退回2元钱，说：“爸爸，你打得不够痛，应该物有所值。”

刘墉说，他的书都是以儿女为对象，说的都是他心底想说的话，没想到，这些絮絮叨叨的家庭随笔，一下走进了读者的心间，让有教育困惑的家庭获得了一些启发。这些年，他把所有的版税，都用在大陆建造希望小学，他的目标是50所，然后再让儿女去给孩子们上英文课。

有一年，刘墉带女儿回大陆，帮一个贵州女孩做了眼角膜移植手术。有人问他女儿：“天下需要帮助的人那么多，帮得过来吗？”女儿学着刘墉的口吻说：“只因为我看见了！”女儿说，父亲常教育她，谁也不是救世主，但只要是目之所及的地方有困难，自己又有那个能力，就一定要把快乐、温暖和安慰送到那里。刘墉说，让孩子懂得社会责任感，就会使他们活得有价值有意义。

牛群爱护子女的方法

> 知道哭，说明儿子在乎输赢，孺子可教也！
>
> ——牛群

牛群毕业于中央戏剧学院戏剧文学系，师承相声表演艺术家常宝华。他在82年获中国曲艺优秀节目观摩演出创作、表演一等奖之后，又曾在全国全军的曲艺汇演中九次荣获创作、表演双一等奖。他与冯巩搭档，奉献了大量优秀的相声作品。

牛群36岁得子，取名牛童。儿子4岁时，牛群就教他下棋。开始儿子老输，输了就哭，牛群高兴极了，说：“知道哭，说明儿子在乎输赢，孺子可教也！”每次下完棋，牛群等儿子哭完了，就耐心告诉他输在哪儿，然后爷儿俩再战。下的次数和输的次数多了，儿子的心理承受能力强了，就不再输一盘哭一次了，明明心里很难受，却能强忍着不流眼泪。

牛群说：“现在各家都是独生子女，不娇也娇，不惯也惯。”他出了个招儿，把妹妹的儿子跟自己的孩子搁在一块儿养，牛群说：“两个孩子搁在一块儿，既能淡化他们独生子女的优越感，又能把竞争机制引进家庭。”

妹妹的儿子比牛童大一岁，牛童叫他小哥哥。小哥哥语文成绩好，作文常在全校广播，因为他特别喜欢看课外书。牛童不爱看书，更怕写文章，小哥哥就笑话他。牛童爱面子，不得不经常抢着书本看，时间一长，也看上瘾了，牛童数学成绩好，尤其电脑学得好，第一次参加全国大赛就夺得三等奖。为了让两个孩子竞争。在计算机大赛前，牛群买了一些黄白扣子，黄扣子当“金牌”，白扣子当“银牌”。他又弄来两面小旗子，一面旗上画只牛，另一面旗画只鼠。因为两个孩子一个属鼠，一个属牛。牛群规定，谁赢了就升谁的旗，“鼠”哥哥得了“金牌”，升“鼠旗”，“牛”弟弟得了“金牌”升“牛旗”。比赛前几天，不用大人催，小哥儿俩一个赛着一个地起早。有一天凌晨 3 点，两个孩子就起床摸黑练计算机。这一年，小哥儿俩双双夺得全国一等奖，一人抱回一台电脑。

为了培养孩子良好的道德品质，牛群作了十几条规定，奖惩分明。比如说，儿子如不小心把电视机碰了，他可能和颜悦色地说儿子一句：“下回注意啊。”可是如果儿子说了谎，他就毫不客气，必定声色俱厉，甚至要动点“武”。好在孩子诚实的时候居多，皮肉没受什么苦。

牛群说，孩子只是德、智两好，身体不好也不行。暑假期间，他推出一个“铁孩子三项”计划，规定每个孩子每天必须做到：跑步 1000 米，跳绳 500 下，游泳两个小时。小哥哥倒是高兴练“铁孩子三项”。牛童长得胖乎乎的，平时又不爱活动，一天跳绳 500 下，这可难为了他。开始一下也跳不过去，但不练是不可以的。开学以后，牛童竟一口气跳了 1012 下，一举打破了他们学校的纪录！

居里夫人对孩子的关爱

> 与其批评孩子，不如做个榜样。
>
> ——茹贝尔

居里夫人，作为一位杰出的女科学家，曾在仅隔 8 年的时间内就分别摘取了两次不同学科的最高科学桂冠——诺贝尔物理学奖与诺贝尔化学奖，并且一生中获得了难以计数的其他科学殊荣，可谓是智慧超群、硕果累累。她的长女伊伦娜，核物理学家，与丈夫约里奥因发现人工放射性物质共同获得诺贝尔化学奖；次女艾芙，音乐家、传记作家，其丈夫曾以联合国儿童基金组织总干事的身份接受瑞典国王于1965年授予该组织的诺贝尔和平奖。作为普通的母亲，居里夫人又是怎样培养和关爱子女的呢？

居里夫人一生科研工作十分繁忙，然而她很善于抓紧时间对子女进行早期教育，并善于把握孩子智力发展的年龄优势。譬如，居里夫人在女儿不足1岁时，就让她们开始所谓的“幼儿智力体操”训练，让她们广泛接触生人，到动物园看动物，让她们与猫玩；让她们到公园去看绿草、蓝天、白云，看色彩绚丽的各种植物和人群，让她们到水中拍水，使她们感受大自然的美景。孩子大点后，居里夫人又开始了一种带艺术色彩的“智力体操”，教孩子唱儿歌和讲童话。再大些，就开始智力训练和手工制作，如数的训练，字画的识别，弹琴、作画、泥塑，让她们自己在庭园种植植物、栽花、种菜等，并抽出时间与她们散步，在散步时给她们讲许多关于植物和动物的趣事，如种子是怎样在花里长成的，小老鼠和鼹鼠是怎样打洞的，哪里能找到兔子窝等等。她的教育都力求从实物开始，且每天更新，以提高孩子兴趣。她还教孩子骑车、烹调等。全方位幼儿早期“智力体操”训练，不仅使孩子增长了智力，同时也培养了孩子的各种能力，增强了孩子的自信心，锤炼了性格。

居里夫人从整个科学生涯和人生道路上体会出一个道理：人之智力的成就，在很大程度上依赖于品格之高尚。因此，她把自己一生追求事业和高尚品德的精神，影响和延伸到自己的子女和学生身上，利用各种机会培养孩子形成良好的道德品格。

在丈夫皮埃尔去世以后，居里夫人开始一人担负起抚养孩子的重担。当时她经济上拮据，还得补贴一部分给科研。有人建议她卖掉与皮埃尔在实验室里分离出的那1克镭，这在当时价值100万法郎。居里夫人则认为，不管今后的生活如何困难，决不能卖掉科研成果。她让女儿从小养成勤俭朴素、不贪图荣华富贵的思想。居里夫人毅然将镭献给了实验室，把它用于研究工作。后来她带着两个女儿赴美国接受总统赠送给她的一克镭时，也同样告诫女儿："镭必须属于科学，不属于个人。"

在第一次世界大战期间，居里夫人再次做出一项重大的决定：将诺贝尔奖金献给法国政府，用于战时动员。居里夫人还亲自带着 X 光机上前线服务，并带着伊伦娜随同前往帮助检查伤病员。战争结束时，法国政府向伊伦娜颁发了一枚勋章，这对年轻的姑娘来说真是极大的荣誉。这位居里夫人得以宽慰。孩子们成长起来了，尤其是伊伦娜在战时的经历使她变得更为成熟。

居里夫人的品德教育包括四个方面：(1) 培养她们节俭朴实、轻财的品德。她对女儿的爱，表现为一种有节制的爱，一种有理智的爱，她对女儿生活上严加管束，要求她们"俭以养志"，她教育女儿说："贫困固然不方便，但过富也不一定是好事。必须依靠自己的力量，谋求生活。"(2) 培养她们不空想、重实际的作风。她告诫两个女儿："我们应该不虚度一生"(3) 培养她们勇敢、坚强、乐观、克服困难的品格。她常与子女共勉道："我们必须有恒心，尤其要有自信心。"(4) 教育她们必须热爱祖国。除了教她们波兰语，居里夫人还以自己致力于帮助祖国科学发展和波兰留学生的行动感染伊伦娜和艾芙。尤使她们念念不忘的是：母亲以祖国波兰来命名首次发现的新元素"钋"所表现出的赤子之情。后来，她的孩子都成为对社会有用的人才，尤其是伊伦娜夫妇，不仅继承了居里夫妇的科学事业，也继承了他们的崇高品德。1940 年他们把建造原子反应堆的专利权捐赠给了国家科学研究中心。

犹太人对孩子的爱护

> 智慧是任何人都抢不走的，你只要活着，智慧就永远跟着你。
>
> ——犹太人

犹太人一直以来都被公认为是一个优秀的民族，他们凭着聪明勤劳而在世界的很多地方拥有着出色的成绩。无论是在金钱方面还是智慧方面，都是富有的。犹太人有他们自己的家教秘方。

在犹太人家里，小孩子稍微懂事，母亲就会翻开圣经，滴一点蜂蜜在上面，然后叫孩子去吻圣经上的蜂蜜。这仪式的用意是，书本是甜的。犹太人家庭还有一个世代相传的传统，那就是书橱要放在床头。要是放在床尾，就会被认为是对书的不敬。联合国教科文组织1988年的一次调查表明，在以犹太人为主要人口的以色列，14岁以上的人平均每月读一本书；在人均拥有图书和出版社以及每年人均读书的比例上，以色列超过了世界上任何一个国家，为世界之最。

犹太人家庭的孩子，几乎都要回答这样一个谜题："假如有一天你的房子被烧毁，你的财产被抢光，你将带着什么东西逃跑呢？"如果孩子回答的是钱或财物，母亲将进一步问："有一种没有形状、没有颜色、没有气味的宝贝，你知道是什么吗？"要是孩子回答不出来，母亲就会说："孩子，你要带走的不是钱，也不是财物，而是智慧。因为智慧是任何人都抢不走的，你只要活着，智慧就永远跟着你。

犹太人重视知识，更重视才能。他们认为，一般的学习只是一种模仿，而没有任何的创新。学习应该以思考为基础，而思考是由怀疑和问题所组成的。学习便是经常怀疑，随时发问，怀疑是智慧的大门，知道得越多，就越会发生怀疑，而问题也就随之增加，所以发问使人进步。犹太人家庭由此特别注重与孩子的思想交流。孩子们可以同成人谈话和讨论问题，偶尔成人还会同孩子们缠个没完，意在引导他们投入到学习与研究上去。

爱迪生的母亲教子有方

> 家里父亲的王国，母亲的世界，儿童的乐园。
>
> ——（美）爱默生

爱迪生（1847—1931）是美国的"发明大王"。他一生的发明，正式登记的就有1300件以上，电灯、留声机、电影摄影机等，都是他的专利。

然而，这位赫赫有名的大发明家却未曾接受正规教育，没有进过高等学府，上小学也只有三个月。他的“学生”时期是在家里度过的。

爱迪生的父亲叫山墨尔，是一个文化不高的木工。母亲名叫南希，当过小学教师，颇有教育孩子的经验。爱迪生从小就喜欢观察周围事物，凡事他都要问个为什么。父亲常常被儿子问得张口结舌，只好拍拍儿子的脑瓜说：“去，问你妈去。”妈妈南希懂得孩子的心理，总是尽可能地给孩子满意的答复，并启发他再想、再问，不嫌麻烦。

爱迪生5岁的时候，他问妈妈：“鸡把蛋放在屁股底下坐着干嘛？”母亲放下手里的活儿，笑眯眯地告诉儿子：“这是鸡妈妈在孵小鸡。那些蛋在屁股底下暖暖和和的，小鸡就会出来的。你看见的那些绒球似的小鸡娃娃，都是鸡妈妈这样暖和出来的。”爱迪生听着若有所思地问：“是不是把蛋放在屁股底下暖和暖和小鸡就会出来呢？”“是的，孩子，是这么回事。”妈妈点头回答。

当天下午，爱迪生突然不见了。家里人急得到处找，结果，爱迪生在邻居的库房做了个“窝”，里面放了好些鸡蛋，他一本正经地蹲在上面孵小鸡哩！

南希没有因此责怪和取笑儿子。

爱迪生7岁开始上学。上学后，在学习上他总爱提一些问题。一次上算术课，讲到2加2等于4时，爱迪生问老师：“为什么等于4呀？”老师回答不上来，以为他是个调皮鬼，存心捣乱，骂他：“糊涂虫！”

当过教师的南希认为孩子好提问题，是求知欲强烈的表现，只要耐心回答孩子提出的问题，就有助于孩子思维的发展。她认为学校老师那样对待孩子是错误的。一气之下，她让儿子休学回家，自己承担起教育孩子的任务。

春天，树木抽出嫩芽，娘儿俩坐在屋前，边晒太阳边上课。夏天的夜晚，一面乘凉，母亲一面给儿子讲罗马帝国的盛衰，讲英国的历史演变；入秋后，河蛙咕儿咕儿乱叫时，母亲又教孩子读《鲁宾孙漂流记》《悲惨世界》等文学作品；冬天，西北风打着呼哨儿，母子二人在屋里烤火，在化学和物理上用心思。

南希看到爱迪生特别喜爱物理、化学，又买了本《派克科学读书》给他。这是当时一本著名的书，里面讲了许多物理和化学实验，有简单扼要的说明和详细的插图。爱迪生学习起来很起劲，凡是能做的实验，都要自己亲手做一做，做不成就不罢休。有一回，他看了气球飞升原理，就让小朋友奥池喝了一包“沸腾散”，心想沸腾就会冒气，有了气人就会升起来。可是奥池喝了，肚子疼得险些出了事故。南希知道后，马上送奥池到医院抢救，并向其父母赔不是。事后她帮助儿子找到失败的原因，没有责怪儿子。还有一次，爱迪生在火车上做试验引起火灾，差点闯下大祸，引起南希的忧虑。但她并不因此阻止孩子再做试验，而是劝丈夫把家里的小阁楼腾出来让给了儿子。

功夫不负慈母心。爱迪生在母亲的教育、支持和帮助下，刻苦学习，奋发向上，终于完成了许多惊人的发明，成为发明家。

马克思教女之道

为了孩子，我的举动必须非常温和而慎重。

——马克思

马克思不仅是伟大的革命家、思想家、理论家，也是一位非常慈祥的父亲。他教育子女的方法不是一味说教，而是将正确的思想寓于生动的故事之中，通过故事启发教育孩子。在女儿爱琳娜很小的时候，马克思就给她读完了荷马的全部作品以及莎士比亚的许多剧作。有一次，爱琳娜被马利亚特的航海故事所感动，尽管当时她还不懂船长是怎么回事，但却被故事里的船长的事迹深深感动。她说，我也要去做一名“船长”。她问父亲，自己是否也可以“扮一个男孩子”，并“偷偷逃走了去租一艘军舰”。父亲告诉她说，这当然是完全可以的，不过在计划还没有完全成熟之前，不应该把这件事告诉任何人。

对于女儿提出的问题，马克思总是给予具体又透彻易懂的解答。孩子提问题，有时提的不是时候，有时讲的过于固执，但谁也没有看见马克思恼怒过，他总是那么温和、有耐心。虽然，有时他正在忙于其他事情，但只要孩子跑来跑去向他提问题，他都耐心解答，他从来不让孩子感觉到她打扰了父亲。

歌德受教于父母

> 能把自己生命的终点和起点联结起来的人，是最幸福的人。
>
> ——歌德

歌德（1749—1832），全名约翰·沃尔夫冈·歌德，德国伟大诗人、剧作家。

歌德是个独生子，父母很疼爱他，对他的教育也十分用心。父亲经常拉着小歌德到公园里游玩，或者到田野里散步。这些时候，父亲总要教他唱些通俗易懂的歌谣，父亲的用意是想在游戏中向儿子灌输一些知识。

母亲的教育艺术更不亚于父亲。在歌德刚刚两岁的时候，妈妈每天像上课一样给儿子讲故事，先从讲小故事做起，并且形成习惯。然后给儿子讲一些“长篇”故事。妈妈讲故事的方式也和一般人不同，她是用一种教学形式来“实施”的。每当她讲故事的时候，她的“故事教学”不是一个劲地“满堂灌”，而采用像中国的章回小说形式一样，每次讲到一定阶段，或是讲到重要转折关头时，就突然停止，宣称“休息”，然后让歌德自己去联想下面的情节发展，甚至让他推想故事的结局。

小歌德总是为此作出各种猜想，有时还跑到奶奶跟前认真商量。第二天，当母亲继续讲故事之前，小歌德说出自己设想的情节。他的母亲常常会高兴地叫起来。

父母出色的家庭教育，使歌德在文学、音乐、绘画多方面受到了良好的熏陶。歌德8岁时便能精通四国语言，成年后写下了许多名著，如《浮士德》，一直流传于世。

列宁的父母教育子女

要成就一件大事业，需要从小事做起。

——列宁

列宁的父亲曾经当过教师，后来担任辛比尔斯克市的国民教育视察员。他性情坚毅而又善良，对己对人都有严格要求，对教育事业投入了全部精力，对祖国和人民怀有无限忠诚的爱。他给自己的孩子作出了榜样。

列宁的母亲是一个孤儿，靠自学学完了小学和中学的课程，还学会了德语、法语和英语，自修了俄罗斯文学和西方文学，学会了钢琴和音乐。她多才多艺，性情快活而和蔼，性格刚强，有一股坚忍不拔的精神力量。她理解孩子，深爱孩子，善于使自己儿女的童年成为幸福而快乐的童年，但却无溺爱。她是孩子们亲爱的妈妈，也是亲密的朋友。

列宁的父母将六个子女培养成为有崇高理想，德智体美全面发展的人才，一个个都成长为杰出的革命家。这是多么难能可贵，多么值得我们学习！他们是怎样从小开始教育孩子的呢？

要使每一个孩子在德育、智育、体育、美育各方面得到和谐的发展，这是列宁的父母在对孩子进行家庭教育的实践中遵循的重要原则。他们非常关心孩子们的智力发展，从五岁开始就教孩子读书。当每一个孩子刚一学会俄语（说、读和写），母亲就马上教他们学习外语；而三到十岁的小孩子最容易记住单词和学说话，这个年龄只要半年最多一年就能学会用外国语讲话。

他们力求使孩子们从小养成读书的习惯。父亲向孩子们提供了适合不同年龄阅读的书籍，订阅了各种儿童刊物，他们的家庭图书馆有很多藏书，孩子们还从市图书馆借阅各种书籍。书是他们促使孩子智力发展的最主要的手段，它以各种各样的新知识丰富了孩子们的头脑。

他们总是十分注意使孩子们对学习发生兴趣。因为兴趣是促使孩子自觉学习的一个非常重要的条件。对于幼小的孩子，母亲在教他学习外语时总是一边玩一边学，把学和玩结合起来。空闲的时候，还和孩子玩猜字谜、作答题游戏，以增强学习兴趣，促进动脑能力。父亲还很关心培养孩子对学习的责任感和刻苦勤奋学习的精神。当他发现二儿子过于轻松地就学会了所有的功课，反而十分担心，恐怕这样会妨碍他刻苦勤奋学习的品德和应有的学习责任感。于是便带他去参加一个小学的毕业典礼，看校长给一个勤奋学习、成绩优异的学生颁发奖状，让他看一看毕业典礼的庄严场面，学习那位学生在生活和学习条件都很差的情况下勤奋学习的精神。

他们还很注意让孩子有一个良好的学习环境。母亲给童年的列宁安排了一张书桌供他学习之用，后来又给了他一个书柜。每个孩子都有自己一个学习的天地。那里非常整洁，所有的书、文具、作业本都放得整整齐齐。这也是学习好的一个重要因素。如果由于无休止地寻找乱放的课本、笔记本、钢笔、尺子等等，就容易使孩子情绪烦躁，妨碍学习。

列宁的父母相亲相爱，家庭气氛和睦快乐，他们热爱孩子、尊重孩子，孩子们也深爱并尊敬父母亲。有这样优越的学习环境，对孩子们的学习是非常有利的。

孩子们爱劳动的习惯是在父母的教育和影响下养成的。母亲从小就从玩玩具作游戏开始，让孩子自己收拾玩具和小人书，当然也让他们自己穿衣服和吃饭；稍大一点就帮助做家务，照顾小弟弟小妹妹。母亲还教孩子们劳动技能，教儿女们使用针线，简单地缝补自己的衣服。女儿们稍大一点就教她们编织、刺绣和缝纫。女儿玛利娜回忆小时候，坐在母亲身旁，手里拿着一块镶边的手帕，觉得这工作没有趣味，想到院子里去玩。妈妈一边干活，一边用温柔的话劝她留下，用讲故事来增添劳动中的趣味，于是玛利娅就顺利地完成了。

父亲能够很好地使用木工工具和镟工工具。他教孩子们学习手工劳动，男孩子稍大一点就教他们使用刨子、锯子、凿子和其他工具。男孩子们用小锯锯出像框、盛面包的盘子，用硬纸壳、木头、锡和箔制作玩具，几乎所有玩具（极少数例外）都是孩子们自己制作的。成功使孩子们感到劳动的愉快，也更热爱劳动。

每年，母亲都要和孩子们一起用硬纸板和彩纸为新年松树做装饰品。在制作五彩缤纷的装饰物的过程中需要互相帮助、齐心协力才能完成得好，这里还包含着劳动竞赛，看谁手更巧，更有创造性，制作更精美。集体劳动的方式很多，如帮助大人打扫屋子、打扫院子、整理果园等等。整理果园的劳动更具有乐趣，孩子们在这里观察植物的生长过程和昆虫的生活习性，各种各样绿色的果树、彩色的花朵，使孩子们心旷神怡。所有的孩子都参加为花草树木浇水的劳动，用木桶在井里打水，提着喷壶将水送到指定的地方，既快又好，谁也不叫苦，谁也不甘落后。

多才多艺的母亲从小就教孩子们唱歌、欣赏音乐、学钢琴。他们会唱许多歌曲，夜晚在家里尽情地唱，假日去森林、河岸郊游时还组织二重唱、三重唱。女孩子都学会了钢琴，常常在唱歌时伴奏。

父母还鼓励孩子们学习绘画，亚历山大和奥利娅最有兴趣，也画得最好。全家常常一起到伏尔加河岸、到森林中旅行，观看远近的白色浮冰，金色和啡红的日出和日落。父母希望孩子们和他们一样在大自然中接受美的感受。孩子们很小就开始学习游泳，每一个孩子七、八岁时就能游过一条不太宽的小河，第一次横渡小河时总有一个大人陪同。以后，孩子们要逐渐学会一动不动地仰在水面上；抱着头朝下跳入水中；潜入水底并摸上一团水藻；一只手举着袜子或鞋子过河，不能弄湿；一鼓作气游到小河口(差不多有一公里)。于是，每到夏季，孩子们晚上临睡前都要到河里去游泳。

冬季，每天午后，孩子们都要一起去滑冰，把小妹妹玛利娅放在圈椅里在冰场上推着走。他们还在自己院子里斜坡上泼水修了一个人工冰山，然后躺在自制的小雪橇里往下滑，往往大家一起落入雪堆中，于是院子里便充满了快乐的笑声和喊声。

春天，孩子们自己做成各式风筝，放上天空。平时，他们还一起玩打棒球、打台球，做各种游戏。父母还和孩子们一起钓鱼、划船，养成各种体育爱好。也许健全的神经和健康的体魄，是使孩子们长大后具有永不熄灭的乐观精神，惊人的工作耐力，和能够在革命斗争中经受住生活波折的原因。

孩子总归是孩子，活泼而淘气的列宁、奥利亚、德米特里常常要做出各种各样使人操心的事情。例如，爬到桌上碰倒花瓶，用脚踩坏地上戏报……有一次，列宁独自跑到街上，坐在马路当中，一匹马冲过来，险些被撞倒。其他的孩子，有时也会像公鸡一样争斗，或者男孩子不止一次欺侮女孩子，有时又互相逗弄，妨碍彼此学习。

父母怎样才能在不挫伤孩子的自尊心，不影响发展孩子独立性和主动性而培养孩子的纪律性和对自己的严格要求呢？

列宁的父母从来不体罚孩子，但也使用过某种处罚。例如有哪个孩子过分淘气做了不允许做的事情，那就把他带到父亲的书房里，让他坐在一张大皮圈椅上（孩子们都把这张椅子叫作黑椅子），好好想一想自己的行为。有时候也训诫犯有过错的孩子，这种训诫，既是一种严厉的处罚，同时又是一种唤醒良知的教育。不过，处罚只占次要的地位。对小孩子最通常的方法是诱导。母亲常常把淘气得厉害的孩子领到餐厅去，坐下来弹钢琴和他们一起唱歌或做游戏，然后说说为什么不能这样淘气。

周密地安排好家庭生活有助于进行纪律教育。孩子除上学外，在家中，绝对准确地规定好起床、吃饭、睡觉、做作业、玩耍、劳动的时间，从小养成遵守作息制度的习惯，一年一年地下去，这种习惯就逐步成为一种自然的行动准则。

家里还规定了“肃静时刻”。在这个时间里，大家同时工作或阅读，父母孩子都一样，谁要打破这一时刻是绝对不允许的。德米特里回忆童年时代每到晚上的情景：到处是一派工作的气氛，父亲在书房里办公，两个哥哥在阁楼上看书，母亲坐在餐厅的大桌子旁做针线活，两个姐姐坐在母亲边上做作业，我和玛利娅两个小一点的也坐在一边悄悄地玩着什么，严格禁止喧哗或妨碍大人做事，规矩是很严格的。这种“肃静时刻”使孩子们养成了自觉遵守纪律、尊重家庭中其他成员和自我克制的习惯。

家里还规定了三条不可更改的规则。第一条：凡是不该做的事，就是不能做，决无让步可言。第二条：要孩子们应当明白为什么有些事情不可以做的道理。第三条：不管是大人还是孩子都要同样遵守规定的制度。

孩子们的自由也是很多的。有时孩子们在家里玩老鹰抓小鸡、捉迷藏、猫捉老鼠，弄得凳子哗啦响，大喊大叫，哈哈大笑，整个屋子闹哄哄。如果这时家里没有人工作、学习或者休息，就没有人来制止。因为这是有益于孩子身心发育的运动，也是一种娱乐和消遣。不仅是禁止做什么，而且要允许做什么，这对遵守纪律都是有意义的。

当孩子们年龄稍大一点，接受能力和理解能力有了提高，父亲和母亲就注意培养他们崇高的理想，造就一个有理想的人，这是他们对子女教育要达到的坚定的目标。他们常常用俄国进步社会活动家的崇高理想和生活榜样教育子女，用以公共利益为目标的革命精神教育他们，讲述那些生动的事迹，而不是枯燥地说教。

他们和孩子们一起阅读车尔尼雪夫斯基等进步作家的文学作品，一起朗诵被沙皇处以绞刑的十二月党人的诗歌。孩子们非常喜欢这些充满革命激情的作品，有不少都能背诵下来。他们还把爱国英雄、伟大的科学家和作家作为孩子们学习的榜样，并且为孩子们订阅抨击腐败、残暴和愚蠢的讽刺刊物《星火》，让孩子们懂得不仅要赞颂祖国一切美好的事物，还必须揭露和批判实际存在的一切丑恶的东西，应当使自己成为为人民的幸福而斗争的战士。

他们鼓励孩子们参加社会活动。因为仅仅从书本中懂得是不够的，还要在实践中学习。可是，那时候参加社会活动就被认为是造反，是反对沙皇。然而，正因为如此，他们尽力支持孩子们去参加，这也是使这六位子女到了青年时期就参加到革命队伍中。

爱孩子，就要了解自己的孩子，洞察他们的内心世界和性格特点，只有了解孩子才会理解孩子，也才能更好地教育孩子。这是列宁的父母在教育子女的实践中深刻体会到的。

一般来说，当全家人一起吃饭的时候，孩子们总要叙说各自的事情。

这是了解孩子最好的时机。当孩子有了越轨行为，如果有勇气，自然会说的，如果不说，就说明勇气不足。如果孩子把自己越轨行为忘记了不当回事，那么正说明这种行为的严重性。有一次列宁把别人刚刚送给姐姐的尺子折断了，他自己马上把这事告诉姐姐，并表演了他是怎样在膝盖上把尺子折断的。姐姐非常生气，可是妈妈却提醒她要看最本质的东西。这件事就这样了结了。第二件事是打碎了舅妈家一只长颈玻璃瓶，母亲已经猜到是八岁的列宁打碎的。使她伤心的是儿子没有承认这一点。舅母问：“是谁打碎了玻璃瓶?”所有的孩子都齐声喊道：“不是我!”列宁也跟着喊“不是我。”这样一来，事情就复杂了，要么承认打碎了玻璃瓶，要么承认是说谎话。最简单的办法是揭穿谎话并给以处分。但是作母亲的没有这样做。在她看来，重要的是儿子是不是意识到自己的过失，是否为自己不诚实感到难为情。她希望帮助儿子发展自己的良知。母亲耐心地等待着，悄悄地察看儿子的动静。凭着母亲的辨别力，她觉察到儿子在受良心的谴责。终于有一天临睡之前，她走到儿子面前对他表示爱抚，儿子突然大哭起来：“我骗了舅妈，说玻璃瓶不是我打碎的，可它是我打碎的!”这时，母亲笑了，她感到高兴的是，在儿子身上发生的精神搏斗中，诚实的因素取得了胜利。看来，他既有勇气又有良知。

父母作为教育者，其所以有力量就在于能够了解和理解孩子，察觉孩子心灵中出现的最微小的变化。列宁把自己的一条裤子送给了班上最贫穷的同学穿，母亲没有因为丢失了裤子而责备他，而是看到了儿子的善良，富有同情心。列宁还常常把母亲为他装在背包里的早点送给吃不饱的寄宿生，母亲也没有抱怨儿子反而赞扬了他。她高兴地看到儿子不是一个利己主义者。家长的称赞和支持可以推动这些优良的品质进一步发展。

列宁的父母观察到孩子们各有不同的性格和个性，这就要求以不同的态度对待每一个孩子，使每个孩子顺其特点自然发展，凡是孩子身上表现出来的好的品质都会得到支持和发扬，加以限制的只是坏的东西。而孩子的自尊心和人格总是会受到爱惜和保护。尊重孩子是父母对教育子女一个极其重要的原则。

高尔基教育子女

母爱是一种力量也是一种责任。

——高尔基

高尔基有个聪明伶俐的儿子，叫马克西姆。他很小就跟着妈妈侨居在法国巴黎。

马克西姆8岁那年，开始在妈妈的帮助下动手给爸爸写信。他写了又改，改了又写，最后终于把信寄走了。高尔基收到儿子寄给他的信，心里十分高兴。他赶忙拆开信，一边读，一边笑，情不自禁地夸奖他的儿子是个“好汉”，将来说不定能当作家、诗人。接着，他给儿子回了一封信。他以诙谐而又严肃的口吻说：“这封信不会是你自己写的吧，宝贝儿，你要自己试着给我写信，并亲自把它寄给我，我会非常高兴的。所有的事情都应自己动手来做，不要强迫别人为你着想……”

马克西姆读着爸爸的回信，暗下决心：今后不再要妈妈帮忙，一定要学会自己动手写信。

几年过后，马克西姆11岁了。他用心回忆自己幼年跟爸爸妈妈去找戈巴托甫卡避暑的情景，并以此为题写了一篇作文寄给了高尔基。高尔基接到信后，马上又给儿子回信：“你不妨在课外为自己，而不是为了应付老师去练习写作，给自己讲各种故事。这是很有趣的。我在你这样的年龄，就这样练习写作、记日记了，可能正因为如此，我才成了作家。”

马克西姆没有辜负爸爸的希望。1918年，当他第一次随军用列车前往西伯利亚征粮时，就把沿途观感记录下来，写了一则生动活泼的文学速写。文章记录了十月革命胜利后的最初年代，西伯利亚农民在苏维埃政权领导下怎样建设水电站的故事，受到了好评。

小罗斯福与母亲的故事

以嘲弄的眼光看待人生，是最颓靡的。

——罗斯福

美国第32届总统富兰克林·德拉诺·罗斯福是美国历史上唯一连任四届的总统。他出身于富豪家庭，父亲学过法律，又经过商，很有钱。罗斯福的父亲和母亲相差26岁，当罗斯福出生时，父亲年龄已经很大了。罗斯福有一个同父异母的哥哥，可是很早就离家在外，罗斯福的降生给这个本来就十分幸福的家庭又带来了无比的欢乐。幼小的罗斯福成为父母关注的中心。然而，罗斯福的父母并不娇惯他，而是严格地管束他，特别是罗斯福的母亲。

母亲为小罗斯福安排了很严格的作息时间表：七点起床，八点吃饭，跟家庭教师学习二三小时后休息，下午一点吃饭，午饭后又学到四点，然后自由活动。

小罗斯福游戏时总习惯于自己是赢家，为了教育他，有一次母子玩一种棋类游戏，母亲故意不让他，接连赢了儿子。小罗斯福生气了，母亲故意不去理他，并坚持让儿子道歉。结果，小罗斯福认输了。

严格教育对生活在优裕环境中的儿童尤为重要。人生要经过许多磨难，特别是要成就大事业。如果只会享福，不能受苦，这样的人将不能立足于社会，更不能为社会献身、为他人造福了。因为这样的人只能满足于自己的成功和幸福，心理永远不会成熟。

罗斯福的家庭是民主的。小罗斯福不满意母亲制定的严格作息制度，一次他提出了抗议，要求母亲给他“自由”。母亲认真地考虑了儿子的要求，允许他“自由”一天。到了晚上，6岁的儿子满身灰尘、一脸疲惫地回来了。这一天儿子去干什么了呢？母亲没有过问。

罗斯福的母亲知道尊重孩子，满足他的合理要求。严管不等于束缚，给孩子自由活动的时间，使孩子在无拘无束中松弛一下，尽情地享受童年的欢乐，这对儿童个性的发展和良好品格的形成是有好处的。

卓娅母亲对子女的爱护

> 我望着摇篮，我的儿子在成长，我没有休息的权利！
>
> ——何塞·马蒂

苏联卫国战争时期，曾有两位英雄受到世界青少年的敬仰和爱慕。一个叫卓娅，一个叫舒拉，他们是姐弟二人。

母亲科斯莫杰米扬斯卡娅在一所小学任教，同时又在师范大学学习。父亲阿那托利·彼得罗维奇在研究院工作，又在速记讲习班学习，并且还要努力准备上函授工科大学。他们时常很晚回家，到家时孩子们已经入睡。

在爱护孩子问题上，经常有人抱怨："我们没有时间，我们的工作很忙。"可卓娅和舒拉的父母认为：忙，并不妨碍爱护孩子。爱护孩子在于用心，而不在于用多少时间；在于注意生活中的言行，而不在于"长篇大论"。难道谁还要特别地拨出一部分时间在家里爱护孩子吗？

那么，他们是怎样对孩子进行爱护的呢？

1923年，苏联人民的领袖列宁同志逝世的时候，科斯莫杰米扬斯卡娅一家和全体苏联人民一样，经受了巨大的悲痛。这时候，小卓娅刚生下来不久，舒拉还没有出世。可是，做父母的并没有忘记爱护孩子。他们把刊登着斯大林关于纪念列宁的誓言的报纸收存起来，准备等女儿长大了，让她看看。

果然，14年之后，正当女儿卓娅准备入团的时候，母亲从箱子里拿出了这张保存多年而发了黄的报纸。卓娅激动地读着这张特地为她保存的报纸，深深地被斯大林同志的庄严誓言所激动。

显然，为了这件事，卓娅和舒拉的父母并没有花费专门的时间。

卓娅和舒拉牺牲后，母亲科斯莫杰米扬斯卡妮写了一本回忆录，即《卓娅和舒拉的故事》，详细地记录了两位英雄成长的过程，同时也喻明了他们家庭爱护的经验。她说："对子女的爱护是在每一件琐碎的事情上，在你的每一次举动上，每一个眼色上，每一句话上。这一切都可以爱护你的孩子。连你怎样工作，怎样休息；你怎样和朋友谈话，怎样同不和睦的人谈话；你健康时候是怎样的，在病中是怎样的，在悲伤的时候是怎样的，在欢乐的时候是怎样的——这一切，你的孩子是都会注意到的。他们是要在这一切事情上模仿你的。"

罗斯福的爱子经验

对儿子，我不是总统，只是父亲。

——罗斯福

罗斯福是美国历史上唯一连任四届的总统。他不仅治国有略，而且教子有方，四个儿子在二战时均浴血战火、建立功绩，二战后又都跻身于美国政坛。

"对儿子，我不是总统，只是父亲。"罗斯福的这句话曾在美国人心灵中产生过不小的震撼，更是他一贯遵循的教子原则。

他十分注重培养孩子们的独立人格，甚至在思想上也应该是独立的。当二战愈加激烈时，二儿子埃利奥特问父亲他该怎么办。父亲说："要我告诉你该怎么做，那你应该首先认清我是一个怎样的父亲。你们的事是你们自己的事，我从不干预。"不久埃利奥特便放弃刚开起的公司，轻松地走进了陆军部的大门，在四兄弟中带头参了军。

罗斯福还竭力反对孩子们依赖父母过寄生生活。他不给儿子们任何资助，让他们凭自己的能力去开辟事业，赚自己该赚的那份钱。在钱财的支配上，绝不让孩子放任自流。大儿子詹姆斯20岁时独自去欧洲旅行。临归前看到一匹好马，便用手中的余款买下了这匹马，然后打电报给父亲，让他汇旅费来。父亲回一个电话："你和你的马游泳回来吧！"碰了这个钉子，詹姆斯不得不卖掉马，买了票回家，从此他懂得了不能随便无计划地乱花钱。

而更让世人为之钦佩的是罗斯福身为总统，却从不庇荫孩子，让孩子们享有特权。二战时，他把四个儿子都送上了前线，并严正告诫他们：拿出良心来，为美国而战！

球王贝利之父的教子经

> 好好地去爱那些爱你的人，他们属于你，你也属于他们。
>
> ——贝利

球王贝利，1940年10月23日出生于巴西朱纳斯·吉拉斯州的特雷斯·科拉索斯小镇，他原名叫埃德逊·阿兰德斯·德·纳斯齐缅图，家里人亲切地叫他"地科"。贝利，是球员们对他的尊称，有赤脚足球之王之意。贝利成为一代球王，与他的父亲的指导和教育有很大关系。

贝利的父亲名叫何奥·拉摩斯·德·纳斯齐缅图，是个时运不济的职业足球队员。母亲谢勒斯提，是位性格泼辣、非常能干的妇女。

靠踢足球，父亲的收入很微薄，全家人难得温饱。后来父亲又在一次足球赛中和对方的一个队员猛烈相撞，右膝负伤，不能继续踢球，家中的生活就更为拮据。

不当家不知柴米贵，贫穷困苦那只是大人的事儿，小贝利却生活得很愉快。他的小伙伴，黑人、白人、日本人都有，他们有自己的伊甸园。贝利的父亲踢球，小贝利也爱踢球。他们买不起球，就找来一只大袜子，里面塞满了破布和旧报纸，然后弄成球形，外面再用绳子扎紧，这就是他们的足球。球场是他家住的那条街，球门在街的两头，一切因陋就简。

一天晚上，父亲问他："地科，你长大干什么？"他说："我要做一个飞行员。"父亲说："飞行员要会看地图……要是读点书，识点字，学点算术和科学什么的，是不是有用？"父亲希望儿子能尽早多学一些文化知识。

家里最后商定，让8岁的贝利去上学读书。

可小贝利不喜欢读书，学习成绩非常糟，而越糟他越不想学。然而，顽皮儿童的把戏他全会：上课随便讲话，用沾湿了口水的纸团打人，捏痛女同学的手，在教室里打架……气得那位女教师对贝利施行各种最严厉的处罚。可野性的贝利，就是不思改海，而且愈演愈烈。

狭小的教室，容不下野性的贝利，他的天地在教室外边。他和那群小伙伴成立了一个足球组织，叫"九·七"俱乐部。因为他的伙伴们门前不远有条"九·七"街，而9月7日又是巴西的独立纪念日。

贝利的父亲不仅是个足球健将，而且对待子女沉稳和蔼，教子有方。他认为，孩子野性强固然不好，但是，如果引导得好，野性也可能成为创造奇迹的基础。

果然如此。孩子们的才华是惊人的。他们从里约热内卢和圣保罗的第一流俱乐部搞了几套足球卡片，卖出后换钱买球。

他们又到市中心去拾香烟头，取出烟丝，再卷成香烟，一根一根地卖。还收集些废铜烂铁、空瓶烂罐，卖给收废品的。

"九·七"足球队成立了，但队员们仍然买不起球鞋，他们因此给自己的球队起了个绰号，叫"赤脚大队"。他们虽然没有固定的组织，但贝利的球踢得好，自然成了不行文的队长。

"九·七"足球队成立后，四处征战，所向披靡，在包鲁地区很快就威名大振，称雄一方。

父亲看贝利喜欢足球，而且很有前途，索性支持贝利踢球，还抽空教贝利怎样带球和盘球，怎样射门……他还当守门员，让贝利踢球。贝利难得射进一球，父亲摇摇头说："你只会右脚射门，总是要把球弄到右脚射门的位置，不仅失去了进攻的时间，而且对手也会趁机从你脚下把球抢走，同时守门员也有了充裕的时间站好位置，拦截你射来的球。地科，看我的。”父亲边解说边示范，两脚自如地控制球。

父亲一次一次地示范传授，贝利一次一次地认真练习。他一丝不苟，不会就反复练习，常常累得满头大汗，气喘吁吁。

贝利的脾气太暴，老是爱打架，这让父亲十分担心。有一次，贝利去看包鲁队的一场球赛，父亲也参加了这场球赛。贝利的眼睛紧盯着球场上的父亲，只见父亲突然盘球向前，老练地闪过了对方的后卫，伺机射球。贝利的心突突地跳着，他替父亲着急。糟了，父亲失去了进球的机会，他真替父亲惋惜。这时，他听到一个球迷高叫：

“何奥，你这个饭桶！”

听到有人侮辱父亲，贝利立即无名火起，反唇相骂：

“你叫谁饭桶，你妈才是饭桶！”

贝利找到了发泄的机会，一场混战开始了。直到看球的军人出来制止，才平息下去。

贝利回到家里，父亲问清了打架的经过，神色庄严地摇摇头说：

“地科，你打架太多了！要想踢职业足球，必须控制自己的脾气，中国有句话说：‘一捏拳，便输了理’。”父亲又说，“球场上分两队比赛，观众自然也分两派，一件事使一派观众高兴了，另一派就不高兴，总有人会骂你的。职业球员，要适应这种环境，一发火，球就踢不好，裁判员还可以罚你出场。这样，你自己和你那一队的人就吃大亏了！”

父亲关心贝利是全面的，特别是对贝利学吸烟、喝酒很不满意。他曾语重心长地对他说：“你踢球是有几分天才，日后也许会成为一名高手。但是你吸烟、喝酒，就跟不好球了，到时候你就没有足够的体力，在 90 分钟内一直踢出理想的水平……”

父亲的话有道理，贝利最听父亲的话。他也最崇拜父亲，因为父亲是巴西最好的球员之一，父亲因为不幸受伤，才抑郁一生，没踢出高水平。他要为父亲争口气，决心不再吸烟、喝酒。

有一次，包鲁市的市长决定举办少年足球锦标赛，贝利带领队员们苦苦地练球。盘球、截球、挖球、顶头球、踢罚球、踢任意球……练完右脚练左脚，一直踢到夜色漆黑，无法再踢为止。

锦标赛那天，他们攻势凌厉，勇猛异常，如猛虎下山，蛟龙出水，声势震动了球场，压倒了对方，一举夺魁。他们接过市长发的奖旗，绕场一周。贝利是这场比赛进球最多的一个，观众向他欢呼，高叫着他的名字："贝利、贝利。"

赛后，父亲紧紧抱着他的儿子，激动万分地说："地科，你踢得真漂亮，我自己上场，也不会比你踢得好！"

这一年，贝利还不满 13 岁。

14 岁时，贝利加入著名的桑托斯海湾俱乐部足球队，从此开始了职业球员的生涯。之后，他更加刻苦地磨练，在绿茵场上所向披靡。在世界杯足球赛中，巴西队曾 3 次荣获冠军。贝利为巴西人捧杯立下了汗马功劳。贝利也被国际足球界视为 20 世纪最佳运动员。

关爱学生

孔子因材施教

> 克己复礼，天下归仁焉。
>
> ——孔子

孔子，作为教育家，他的伟大贡献在于发现了“仁”，因材施教是贯彻他教育思想的具体方法。

孔子的思想起源于仁，他让学生爱人生，他自己也很会欣赏他的学生。孔子是一个重视个人气质的教育家，他品评学生的许多语录，都给人以诚挚、由心田自然溢出的感觉。虽然，都过去那么多年了，今天读起来，仍然可感受到那话语的温度，你能揣摩得出他说话时的神情语态。常能想起“燕居如也”，“默而识之”，“何不各言尔志”，“仁矣”，“雍也”，“左丘明耻之，丘也耻之”的话端。

“德行：颜渊、闵子蹇、冉伯牛、仲弓。政事：冉有、季路。言语：宰我、子贡。文学：子游、子夏。”孔子评价学生由这四个方面入手，他塑造学生当然是本着因材施教的原则。

孔子注重人性内在的价值尊严。他常能发掘人的内在潜质，这是他教育的基础。克己复礼，道德自律，理性自觉，是他培养学生的行为习惯。“外宽内直”，乃为孔子对遽伯玉宽容美德的敬重；“践忠守信”，是孔子对老莱子器量的尊崇；《孔子家语》说："不克不忌，不念旧怨，盖伯夷、叔齐之行。思天而敬人，服义而行，盖赵文子之行。事君不爱其死，谋身不遗其友，盖随武子之行。"宽、敬、笃、爱，是这段引文的中心。由此我们能看出孔子儒家的德尚；同时，也明白了孔子于其前人是有识人知性之才的。这是做一位优秀教师的秉赋，所谓因材施教也。

孔子的德化，宽敬笃爱几近于仁矣。因而孔子申明要懂得感恩：以德报德；也要不弃怨者，以德报怨。这需要胸怀。这与基督教的宽恕并爱敌人颇为相似了。这是孔子的归属情怀，也是儒家道德的终极关爱。孔子一而再，再而三地称赞好学慧爱的颜渊，其原因就在这儿。

颜回，鲁国人，字子渊，比孔子小三十岁。

颜回问仁，孔子曰："克己复礼，天下归仁焉。"人人都克制自我。不让私欲膨胀，那么就做到自律而爱人了，仁的实现也就有了希望。

孔子曰："贤哉回也。一箪食，一瓢饮，在陋巷，人不堪其忧，回也不改其乐。"平时与先生相处，颜回能做到默而识之，如愚也。孔子评价颜回说："回也如愚。退而省其私，亦足以发，回也不愚。"孔子称赞颜回，说他已臻于"乐道忘忧"的境界。颜回贫寒，身居陋室，粗茶淡饭都不能妨碍他每天认真聆听先生的教诲。然后用老师的教诲去检省自己的行为。颜回令仪令色，小心翼翼。孔子明确地表示：颜回并不愚钝，他凭着自己的智慧可以振奋自我，扬帆以乘风势。

颜回之"如愚"，倒与老子所说的大智若愚气韵契合。

孔子谙知颜回，他是活在道德境界的真人。换一个角度，颜回眼中的孔子是"仰之弥高""循循善诱"的圣贤；老师率领弟子在大道上"欲罢不能"了。夫子为人真诚率性，师生真是志同而道合，心灵犀通，已成和谐矣！这绝不是一般意义层面上的习染与交流，这是教育的化境！也就是现代人所谓的使学生"热爱真理"。

《孔子家语》上说，颜回年二十九，发尽白，早死，令人遗憾。但这也是合乎生死的规律。颜回追求的是道德境界，他活在意识精神里面而不能自拔。他不知道休息为何物，不顾保健和营养，不懂得娱乐休闲，不知道发泄和交流，汲汲道德，身心都处于疲惫的状态，发衰命亡是为情理之中耳。孔子只能悔叹："天丧予！天丧予！"

孔子很是懂得听音乐以修养身心、调节节奏，讲究饮食，以补充能量，说俏皮话以娱乐神情。

《史记·仲尼弟子列传》载曰：孔子哭之恸，曰："自我有回，门人益亲。"注文说："颜回为孔子胥附之友，能使门人日亲孔子。"

颜回识书明理，又很能善解人意。他看到孔子每天要教诲这么多学生，分手要做的事太多了，颜回就主动帮助老师辅导和管理同学。他是孔子可以托附的朋友。他的立事，自然就更多地影响了学生去亲近老师，孔子十分愉快。弟子晓喻人情，这正是儒家所要的"仁"的境界呀！

一次，鲁哀公问道："弟子孰为好学？"孔子对曰："有颜回好学者，不迁怒、不二过，不幸短命死矣，今也则亡。"又曰："回也，其心三月不违仁，其余则日月至焉而已矣。"

弟子们通常是怎样的心理状态，孔子是了如指掌的。这样才能因材因时而教。孔子这样赞扬比他小十五岁的闵子骞："闵子骞真孝顺啊！教人们在父母兄弟面前不能说离间的话。"

孔子的学生冉耕，字伯牛。孔子认为他有德行。冉伯牛患了顽症，孔子前往探视，从窗口握着伯牛的手说："是命运啊！这样的人却得了这样的病，是命运啊！"

孔子的学生仲弓（名雍）询问政事。孔子回答说："出门时好像要去接见贵宾一样恭谨有礼；使用百姓，似乎去承办隆重的祭祀。那么在国内没有怨恨，在家里没有怨恨。"

孔子认为仲弓有德行，说："冉雍呀，可以让他治理诸侯国家。"仲弓的家世不好，仲弓的父亲是个低贱的人。孔子打趣道："杂牛所生的小牛长着纯红色的毛，两角端正，即使想不用它来祭祀，山川之神难道会舍弃它吗？"孔子的比喻多么美妙，其喜爱仲弓的心情不觉溢于言表。有一点应该点明："祭祀"是指享有国家权力。孔子认为仲弓才配享有支配神器的权力。

孔子对学生的求教，是具体问题具体分析。对象不同，分别处理，是孔子因材施教的灵活机制。

孔子对待同样有政治才华的冉有与子路，方法就很不相同。

有一天冉有问道："一听到该做的事就去做它吗?"孔子说："做它。"子路也问："一听到该做的事就去做它吗?"孔子说："有父兄在，应该先商量商量，怎么能一听到该做的事就去做它?"子华在一旁感到奇怪，说："冒昧地问一句，为什么问题相同，答案却不一样?"

孔子说："冉求遇事退缩，因此要勉励他；仲由急切好表现，所以要控制他。"

子路是卞地的野人，没有受到教育，性子粗蛮，比孔子小九岁。子路喜好逞能斗力，性喜尚勇，又多率直。因此孔子多用礼来调教约束他。一次子路问夫子曰："君子尚勇乎?"

孔子回答说："君子认为义是最高尚的。君子好勇而不尚义，就会作乱；小人尚勇而不尚义，就会行盗。"

孔子总评子路说："只听到片面之辞就可以判断案件的，大概只有仲由吧!""仲由好勇的精神超过了我，没有什么可取。""像仲由这种性子，我担心他会得不到好死的。""穿着破棉袍的人跟穿着皮大衣的人站在一起，而不以为耻的，大概只有仲由吧!""仲由的学问么，好像登上了正房，但还没有进入内室。"

季康子问："仲由有仁德吗?"孔子说："有一千辆兵车的国家，可让他管理那里的兵赋，我不知道他有没有仁德。"

孔子说子路性子急，勇力精神超过了老师，爱逞能好表现自我，但慧智还不够；智能较好，但是还没能登堂入室。有一定能力，可以管理诸侯国的税赋，至于仁德就说不清了。而且孔子对子路的命运给了最坏的预测：恐怕不得好死。

子路做了季康家的管家之后，又去卫国做了大夫孔悝采邑的长官。卫国有人叛乱，砍断了子路的帽带。子路说："一个君子即使死了，帽子也不能脱掉。"于是系好帽带，就死了。卫国做乱的消息传到孔子这儿，孔子说："哎呀，仲由死了!"果然。

言语突出者，一是宰予（字子张），一为子贡。后来宰予出了问题。他固然是能言善辩的；然而德修上无所用心，他常白昼而寝。孔子严厉批评他是"朽木不可雕也"。已而，宰予又向老师打听五帝之德，孔子回绝说："宰予啊，你现在还不配谈论五帝之德呀。"宰予做了齐国都城临淄的大夫，他参与了田常的叛乱，被诛灭九族。孔子痛心以为耻。孔子检讨说："吾以言取人，失之宰予；以貌取人，失之子羽。"孔子又沉痛地说："始吾于人也，听其言信其行；今吾于人也，听其言而观其行。"

至于子贡，是孔子教育极成功的典范。子贡，姓端木，名赐，字子贡。小孔子三十一岁。子贡口齿伶俐，巧于辞令。因而孔子经常驳斥他的巧辩。孔子诘难于子贡，说："你和颜回谁更贤明？"子贡回答："我哪里敢和颜回相比！颜回听到一个道理，就能推知十个来，我听到一个道理，只能推知出两个。"

子贡虽然善辩，可是在老师的教导下，还是有自知之明的，终不至于飘飘然而失去做人的方向。

子贡要毕业时，问孔子曰："赐何人也？"曰："汝器也。"又问曰："何器也？"答曰："瑚琏也。"古人释曰：瑚琏是盛、黍稷的器皿。夏代称作瑚，殷代称曰琏，是宗庙祭祀所用的珍贵器具。孔子的评价是：你是国家的重器、栋梁之材。

陈子禽问子贡说："仲尼是从哪里求得这么广博的学问？"子贡说："周文王、周武王德化思想没有失去，还在人间流传。只是贤德的人懂得那根本的东西，不贤能的只去学习那皮毛末节罢了。我的老师无所不学，从来也不固步自封，因此才能学到那最珍贵的东西呀！"陈又问道："孔子到了这个国家，人们一定要请教他的政治主张，这是他自己争取的，还是别人赐给他的机会呢？"子贡理直气壮地答道："先生是靠着他的'温、良、恭、俭、让'的品德，才得来了人们对他的尊重。这也算求吧，先生这种求取方法，也许不同于别人的求取方法吧。"

子贡的辩才真是用到该用的地方啦！其机敏、得体、风趣的言辞中有种内蕴的锋芒，真是谈锋甚健，树孔子的威望，扬自己的才华！

子贡常常同老师商讨如何处理一些关键的问题。子贡问曰："富而无骄，贫而无谄，何如？"孔子曰："可也。不如贫而乐道，富而好礼。"

田常想在齐国叛乱，但是害怕高氏、晏氏等的势力，只好暂时调动他的部队，打算攻打鲁国。孔子对学生们说："鲁国是我们祖宗坟墓所在地，是父母之国。祖国这样危险，你们为什么不挺身而出？"

子路挺身而出，孔子阻止他。子张和公孙龙的请示，孔子也没有答应。最后，子贡请求出行，孔子答应了他。

子贡先说服了齐国的田常，又南见吴王，皆陈之以利害、诱之以名义，吴王大悦，乃使子贡到越国去，说服越王派大夫种向吴王保证支持吴王伐齐。又赴晋国使晋兵备战以待吴军。《史记》上说："子贡一出，存鲁，乱齐，破吴，强晋而霸越。"这足见子贡的外交才华，真乃纵横捭阖之策士也。这里，我们可以看出，颜回死了之后，子贡是众子弟中最为出类拔萃的，孔子就把最艰巨的重任，交给了子贡，而不是子路、子张和公孙龙。是谓识才辨才又能恰好地使用人才。子贡当然很好地完成了鲁国的使命。

子贡喜欢做贱买贵卖的生意，随机转换货物资财。子贡喜欢称赞别人的优点，但也不隐瞒别人的过失。他多次地帮助鲁国、卫国解除困局，家财累积千金，终卒于齐国。

孔子以为曾参能通孝道，故授业于他。曾参完成了《孝经》的著述。

孔子把《周易》传授给商瞿，商瞿又传给楚人子弘，子弘复传给矫疵，又传给周竖、光羽、田何、王同，王同又传给杨何，杨何在汉武帝时，因研究《周易》，而做了汉朝的中大夫。

孔子教育思想的基础是缘乎人性的。简言之可以称作："天命之谓性，率性之谓道，修道之谓教。"可浓缩成一个词：因材施教。

陶渊明爱生有方

勤学如春起之苗不见其增，日有所长。

——陶渊明

陶渊明（约365—427），字元亮，号五柳先生，谥号靖节先生，入刘宋后改名潜。东晋末期南朝宋初期诗人、文学家、辞赋家、散文家。曾做过几年小官，后辞官回家，从此隐居，田园生活是陶渊明诗的主要题材，因此后来文学史上称他为“田园诗人”。东晋浔阳柴桑（今江西省九江市人）。相关作品有《饮酒》《归园田居》《桃花源记》《五柳先生传》《归去来兮辞》《桃花源诗》等。长于诗文辞赋，诗多描绘自然景色及其在农村生活的情景，其中的优秀作品寄寓着对官场与世俗社会的厌倦，表露出其洁身自好，不愿屈身逢迎的志趣，但也有宣扬“人生无常”，“乐安天命”等消极思想。其艺术特色，兼有平淡于爽朗之胜，语言质朴自然，而又极为精炼，具有独特风格。

陶渊明退归田园隐居后，有不少读书少年向他求教。一天，他家里来了位少年，这少年行礼之后非常诚恳地说：“小辈非常敬仰先生的知识，有心向先生讨教读书妙法，望先生指教。”

陶渊明一听这话便皱了眉头，他想责备少年幼稚可笑，在做学问时竟想找捷径。转念一想：少年是虚心讨教的，对晚辈应当循循善诱嘛！于是他严肃地说：“年轻人，常言说‘书山有路勤为径’，你可理解其中的含义？”

少年听了似懂非懂，不很明白。陶渊明拉着他走到一块稻田边，指着一棵尺把高的禾苗说：“你聚精会神地瞧一瞧，看禾苗是不是在长高？”少年目不转睛地看了半天，眼睛都酸了，那禾苗却仍然和原来一样不见长高。他失望地对陶渊明说：“没见长呀！”

陶渊明又把少年带到溪边的大磨石前问道：“你看看那块石头，那磨损的马鞍一样的凹面，它是在哪一天被磨损成这样的呢？”少年想一想，说：“不曾见过。”

陶渊明耐心地启发诱导说：“要你看禾苗，是想让你知道，虽然眼睛观察不到，但禾苗的确是每时每刻都在生长的。如同我们做学问，知识的增长也来自平时一点一滴的积累，我们自己也没有觉察到。但是只要持之以恒，就可以见成效。所以人们说‘勤学如春起之苗，不见其增，日有所长’。”

少年点点头，说：“我明白了，这磨损的刀石是年复一年地磨损才成马鞍形的，不是一天之功。先生，我说的是不是？”

陶渊明赞许地点点头，接着说：“从这磨石，我们可以悟出另一个道理，‘辍学如磨刀之石，不见其损，日有所亏’。学习一旦中断，所学的知识会在不知不觉中忘掉。”

少年一下子豁然开朗，叩首拜谢道：“多谢先生，小辈明白了，‘勤学则进，辍学则退’的道理，从此再不妄想学习妙法了。”

陶渊明高兴地对少年说：“我给你题个字吧。”挥起大笔写道：

勤学如春起之苗

不见其增，日有所长

辍学如磨刀之石

不见其损，日有所亏

少年恭恭敬敬地接过字幅，一直把它当作对自己勤学苦练的告诫。

汤显祖爱生办学

县中没有学舍为诸生讲诵，这可是当务之急。

——汤显祖

汤显祖（1550—1616），明代戏曲作家。字义仍，号海若，又号若士，晚号茧翁，自署清远道人。临川人（今江西临川）。在中国和世界文学史上有着重要的地位。

汤氏祖籍临川县云山乡，后迁居汤家山（今抚州市）。汤显祖从小聪明好学，“童子诸生中，俊气万人一”，汤显祖十四岁便补了县诸生。二十一岁中了举人。按他的才学，在仕途上本可望拾青紫如草芥了。但是，跟随整个明代社会一起堕落的科举制度已经腐败，考试成了上层统治集团营私舞弊的幕后交易，成为确定贵族子弟世袭地位的骗局，而不以才学论人。万历五年、八年两次会试，当朝首辅张居正要安排他的几个儿子取中进士，为遮掩世人耳目，又想找几个有真才实学的人作陪衬。他打听到海内最有名望的举人无过于汤显祖和沈某等人，就派了自己的叔父去笼络他们。声言只要肯同宰相合作，就许显祖等中在头几名。以宰相之威势，加以许多人梦寐以求的诱惑，沈某等出卖了自己，果然中了高科；但汤显祖却洁身自好，一无所动。他虽然并不反对张居正的政治改革，但作为一个正直的知识分子，他憎恶这种腐败的风气，因而先后两次都严峻地拒绝了招揽。说："吾不敢从处女子失身也。"结果是可想而知的：汤显祖名落孙山。而且，在张居正当权的年月里，他永远落第了。但因此，汤显祖却以高尚的人格和洁白的操守，得到海内人士的称赞。张居正死后，张四维、申时行相继为相，他们也曾许他以翰林的地位拉汤显祖入幕，汤显祖都拒绝了。

明万历二十一年（1593 年）三月十八日，汤显祖来到遂昌，稍事安顿，第三天便去拜谒孔庙。这天一早，教谕于可成到县衙来接汤显祖。

孔庙位于县衙东南不远，坐北朝南，始建于宋雍熙二年，此后多次修葺，扩大规模。当中为大成殿，明伦堂，前面两侧东为名宦祠，西为乡贤祠，棂星门前道路横贯东西，路南侧石雕花护栏，栏外是半月形的荷花池，池水清漪，鲤鱼游戏。

汤显祖一行来到棂星门前，训导周思问、黄继先率县学生员早已在门口迎候。汤显祖看到簇新的殿堂屋宇，心中欣喜，这僻居万山之中的小县，尊圣重儒之风由此可见。汤显祖和学官生员一起瞻拜了先圣，又拜谒了名宦祠和乡贤祠，感慨地说："遂昌虽地处山区，但地灵人杰，宋代龚原兴濂洛之学，尹尧庵著纲目发明，实乃诸生楷模啊。"

"汤大人文名远播海内，学生们仰慕已久。今日来到遂昌，真是三生有幸。日后还望大人教诲。"

"就让我们共勉吧！"汤显祖和学官诸生说说笑笑，亲若师友。"哎，我们去看看县学吧。"

汤显祖一提县学，学官和诸生都显出一副为难的情绪，于教谕说："不瞒汤大人，遂昌县学早已破敝不堪，生员们无处讲学哪。"

"县城内就没有其他学舍吗？"汤显祖不解地问道。

"县城内东南西北四隅有社学，还有几处义塾，因场地狭小，仅可供童生诵习。"于教谕惭愧地说，"万历六年，知县钟大人创讲堂三间，供生员讲习，因年久失修，今已废弃。”

汤显祖和大家来到讲堂处，只见傍山缘溪一片空旷地带，眠牛山树木苍翠，南溪水碧波如带。而三间讲堂断壁颓垣，杂草蔓路，一片荒凉。

回到县衙，汤显祖心情久久不能平静。兴国之本，莫过于教育。文教兴，礼乐行，礼乐行而天下平。汤显祖下决心从办学入手，振兴遂昌的教育。经过几天的调查思考，汤显祖请来学官一起商议办学的事。

首先碰到的就是经费问题。遂昌地处山区，地瘠民贫，赋税微薄，学官们都说：“县学破敝，我们几年来多次提议修复，怎奈县里经费无着，不能如愿。万历十六年修建先圣庙，知县王大人主持清查民间欺隐官田易价筹资，历经三年才完成。”

“县中没有学舍为诸生讲诵，这可是当务之急啊！”汤显祖说：“目前县里尚有三千钱的学租，我们就先干起来，烦劳诸位费心。”

说干就干，汤显祖和学官们一起在眠牛山下原讲堂旧址相好地形，着手先建射堂，经费不足，汤显祖把自己俸禄捐献出来，审案所得的讼金也献出来。有些人出不起讼金的，汤显祖采取让诉讼人出工出力，或出木材的办法。学员们看到汤县令为大家筹建学舍，也都情绪高涨，积极地到工场参加劳动。汤显祖也经常到工场察看并和学员们一起劳动。

六月，射堂建成。宽敞的门厅翼角起翘，门内引泉为池，池水清澈，红鲤鱼在荷间游戏，池边杨柳垂腰，一条通道直达射堂。堂前一片空阔地带，可供驰步骑射，在通道两旁，各建学舍十五间，可供六十人住宿读书。学舍前后遍植桃李。至八月，射堂学舍全部竣工，汤显祖为之取名“相圃书院”，大堂名为“象德堂”，并亲自为之题匾。

相圃书院建成，生员们欢欣鼓舞。汤显祖兴学重教的精神进一步启发了生员们勤学上进的学风。生员们每天早起晨练，日夜诵习，学官们也悉心教导。汤显祖经常到书院给生员讲课，和诸生一起习射，真是一派“射堂尊俎合，文圃竹书翻”的喜人景象，县城的百姓看了，都为之羡慕。

看到生员们都安心学习，汤显祖着实为之高兴，但他更想到了长远。书院建成了，要巩固，要发展，还必须要有相应的措施来保障。汤显祖决定从城隍庙和寿光宫租田中划出一百箩，作为相圃书院的租田，安排专人负责收管。所收田租，用于修葺学舍和补贴生员生活之需。汤显祖写了《给相圃租石移文》和《相圃书院置田记》，并刻石立照，以示后人。

蔡元培爱护北大学生

军国民教育、实利主义教育、公民道德教育、世界观教育、美感教育皆近日之教育所不可偏废。

——蔡元培

蔡元培（1868—1940），字鹤卿，原籍浙江诸暨，民主主义革命家和教育家。数度赴德国和法国留学、考察，研究哲学、文学、美学、心理学和文化史，为他致力于改革封建教育奠定思想理论基础。他曾任教育总长、北京大学校长、人学院院长、中央研究院院长等职。他为发展中国新文化教育事业，建立中国资产阶级民主制度做出了重大贡献，堪称“学界泰斗、人世楷模”。

1916 年 9 月 1 日，身在法国游学的蔡元培，收到中国驻法使馆转来的电报。电报是时任民国政府教育部长的范源濂发来的，聘请他担任北京大学校长。由此，蔡元培最辉煌的时期到来，并且因为他对大学教育体系的创立，被浓墨重彩地载入中国教育史。

这个范源濂，在 1912 年蔡元培就任民国政府第一任教育部长时，曾聘他出任教育部部长。因为范源濂并不属于国民党的前身同盟会，因此蔡的邀请在国民党内引起一些反对之声，但蔡元培坚持己见，说：“现在是国家教育创制的开始，要撇开个人的偏见、党派的立场，给教育立一个统一的智慧的百年大计”。

不想，四年以后，两人的位置刚好倒了过来，这回是任教育部长的范源濂来邀请蔡元培了。

以 1898 年京师大学堂建立开始计，当时北京大学建校仅仅 18 年。京师大学堂，可以说是戊戌变法硕果仅存的产物，成立初衷是痛感国家实力孱弱，力图引进新学来振兴国势。但是，1916年时的北大，虽然已经改名为国立北京大学，其作为“皇家大学”的官僚气与衙门气依然浓厚。在教员中，有不少是北洋政府的官僚，这些教师即使不学无术，也受到学生巴结，以便日后自己当官仕途方便。陶希圣先生对那时的北大曾有这样的回忆：“民国初年，贵族子弟仍然不少，文科那边有一个学生坐自用人力车（洋车）来上课……两院一堂是八大胡同（当时的妓院集中地）受欢迎的顾客。两院是国会的参众两院，一堂就是北京大学——京师大学堂。”

北大的这种腐败名声，蔡元培早有所闻，朋友们也劝他不要去，担心他“进去了，若不能整顿，反于自己的名声有碍”，然而蔡内心里已经下定决心。在1919年，他曾这样说道：“我国输入欧化，六十年矣。始而造兵，继而练军，继而变法，最后乃始知教育之必要。”实际上，“教育救国”的理念，是蔡元培自戊戌变法失败后一直坚信不移的信念。

1916年12月26日，蔡元培接受了北洋政府大总统黎元洪的北大校长委任状。1917年1月4日，蔡元培赴北大上任。据当时正在北大上学的顾颉刚的回忆，到任那天，校工们在门口恭恭敬敬排队向他行礼，蔡元培“脱下自己头上的礼帽，郑重其事地向校工们回鞠了一个躬，这就使校工和学生们大为惊讶”。实际上，蔡元培从来也没有把北大校长一职看作是一官职，他不做官，也要求学生们不做官。他对学生们说，“诸君须抱定宗旨，为求学而来。入法科者，非为做官；入商科者，非为致富。宗旨既定，自趋正轨。”

蔡元培1月4日到北大上任，1月11日就呈请教育部聘任陈独秀出任文科学长。当时的北大，被重新分为文、理、法三科，下面再分系；文科学长，相当于文学院院长。

蔡元培与陈独秀，个性完全不同。陈独秀锋芒逼人，而蔡元培却外圆内方，连疾言厉色都很少见。但是蔡元培看中陈独秀的，是他的新锐和毅力。蔡元培是在翻阅了十余本《新青年》后决意聘他的，一旦下定决心，就一趟趟“亲顾茅庐”。他去陈独秀的住处拜访陈独秀时，因陈独秀习惯晚睡晚起，他就耐心地坐在门口的一只小板凳上，等待着年龄小他一轮的陈独秀醒来。

然而起初陈独秀并不领情。因为他正在专心办杂志，而杂志是在上海办。但蔡无培的诚意和胸怀最终说服了陈独秀，使他决定将《新青年》搬到北京来办——某种意义上说，这才有了后来以北京为中心的轰轰烈烈的新文化运动和“五四运动”。

在蔡元培引进了陈独秀后，陈独秀又引进了胡适进北大当教师。而胡适当时不过是个连博士学位还没拿到的毛头小伙——后来，胡适在他的纪念文章里曾提到，如果没有蔡元培，他的一生很可能会在一家二三流的报刊编辑生涯中度过。

陈独秀与胡适，是蔡元培“兼容并包，思想自由”的著名八字方针下的两段佳话。蔡决心以这八个字来塑造北大，是他在欧洲留学期间就已埋下的心愿。他在《〈北京大学月刊〉发刊词》中阐述了自己对大学精神的理解：“大学者，‘囊括大典，网罗众家’之学府也。……各国大学，哲学之唯心论与唯物论，文学、美术之理想派与写实派，计学之干涉论与放任论，伦理学之动机论与功利论，宇宙论之乐天观与厌世观，常樊然并峙于其中，此思想自由之通则，而大学之所以为大也。”

在“兼容并包”的精神下，北大吸引了中国的各路学术精英。以文科为例，从陈独秀、胡适、李大钊、钱玄同、刘半农、周作人、鲁迅，到辜鸿铭、刘师培、黄侃，大师云集。各种文化社团风起云涌。而那种“师生间问难质疑，坐而论道的学风”，那种民主自由的风气，从那时开始形成，成为北大异于其他大学、吸引后来一代又一代学子的独特传统。

实行教授治校，也是蔡元培在国外留学期间感悟到的。在蔡任北大校长期间建立起教授会、评议会，各科学长由教授会公举等举措，都是对德国大学管理方法的仿效。据时任北大教授的沈尹默的回忆，当时的评议会，由全体教授推举，约五人中选一人。凡校中章程规律（如开放女禁，给予女生同等入学权利），都要经评议会同意。

讲到蔡元培与北京大学，就必然讲到“五四运动”。在蔡元培的支持下，以北京大学为中心的波澜壮阔的新文化运动，为“五四运动”孕育了丰厚的文化背景，而“五四运动”本身，也直接与蔡元培相关。

1919 年 5 月 3 日，时任北洋政府外交委员会委员长的汪大燮得知中国政府准备在《巴黎和约》上签字的消息，亲自赶赴蔡元培家将密电内情告知。当晚，蔡元培立即召集学生代表傅斯年、罗家伦等人，向他们通报消息。学生们得知消息群情激愤，原定于 5 月 7 日“国耻日”举行的游行，遂提前至 5 月 4 日举行。

在游行队伍从红楼出发之前，蔡元培曾在出口处挡了一下。他表示大家有什么要求，他可以代表同学们向政府提要求。但在激愤之下，学生们不肯。

当天晚上，在火烧赵家楼后，有 32 名学生被警察逮捕，其中有 20 名是北大学生。

5 月 4 日当晚，北大学生群集在三院大礼堂商讨对策。蔡元培对学生们说：“你们今天所做的事情我全知道了，我寄以相当的同情。”话一出，全场欢声雷动。蔡又说：“我是全校之主，我自当尽营救学生之责……我保证在三天之内，把被捕同学营救回来。”

蔡元培的营救方式，是去当时执政的段琪瑞所敬重的一位前辈家中说情。那位老先生表示这事情难度太大。于是，蔡元培从晚上九点一直坐到十二点也不肯走，直到人家表示愿意一试。

在社会的强大舆论压力下，被捕学生于 5 月 7 日被保释出狱。而蔡元培却在 5 月 8 日向政府提出辞呈。第二天，就悄然去了天津，后来回了浙江老家。

蔡元培的一生中，曾辞过几十次职。他自认是一学者，从来没有想过要做官，他也绝不会以辞职要挟谁，他只是感到深深的“自伤”。

但这一次的辞职，产生的社会震荡远超出蔡元培所想。从北大到北京学界，“挽（留）蔡”竟成了难以平息的学潮的一个组成部分。为表示与蔡元培同进退，北京市各中专以上的校长，也全部提出辞呈。在这种压力之下，蔡元培终于于 7 月答应回校复职。

蔡元培后来曾说：自己“居北京大学校长之名义，十年有半；而实际在校办事，不过五年有半”。1923 年之后的蔡元培，人或在海外，或在国内办大学院和中央研究院等，已不再管理北大校务，但是，北大却从此确立其现代传统和校格。而蔡元培也因北大，成为伟大的教育家。

中山大学历史系教授袁伟时在接受《中国新闻周刊》采访时这样评价蔡元培：他曾经做官做到国民党的中常委，但他不是政治家，在政治上他曾被人利用；在学术上，他曾有过伦理学等方面的论述，但远远比不上他在教育事业上的成就：他将北大办成了中国第一所真正意义上的现代大学。

朱自清为门生写《级歌》

> 莫怕困难，莫怕折磨，努力同心全在咱！
>
> ——朱自清

朱自清（1898—1948），生于光绪年间，原名朱自华，字佩弦，号秋实。生于江苏连云港，江苏扬州人，原籍浙江绍兴人。1920 年毕业于北京大学，后来到清华大学任教。现代著名散文家、诗人、学者、民主战士。

从 1920 年在北京大学结业起，到 1948 年 8 月 12 日不幸为贫病夺去生命。朱自清先后在杭州、扬州、温州、宁波等地的中学师范和清华大学任教，终生一生没世从事教诲事情。教学之余热中于诗歌、散文创作和中国古典文学研究，写出许多脍炙人口的名篇。朱自清还曾为清华大学第九级（1933 年入学，1937 年结业）门生写作了一首《级歌》的歌词。全文如下：

莽莽平原，漠漠长天，举眼破碎领土。

同砚少年，同砚少年，来挽既倒狂澜。

行止民间，行止民间，国家元气在民间。

莫怕困难，莫怕折磨，努力同心全在咱！

《级歌》歌词华丽有力。清华大学第九级的门生（其中有蒋南翔、牛荫冠、赵德尊、王达仁、黄绍湘等）高唱这支《级歌》加入“一·二九”抗日救亡运动。1937 年“七七”卢沟桥事变时，正是第九级门生结业的时间。他们中的一些人“举眼破碎领土”，高唱着《级歌》“走向民间”，扎根于人民群众之中，加入抗日战争，为中华民族的解放献出了生命。

陶行知办学爱生

为了苦孩，甘为骆驼；于人有益，牛马也做。

——陶行知

“学高为师，身正为范”，体现师德的重要性之一，就是榜样的作用。老师的品行、道德、修养、气质，对未成年人的影响很大。一个散发着人格魅力的老师，会给他的学生带来终生受益的影响。

一个孩子的母亲，因孩子把她刚买回家的一块金表当成新鲜玩具给摆弄坏了，就狠狠地揍了孩子一顿，并把这件事告诉了孩子的老师。不料，这位老师却幽默地说：“恐怕一个中国的‘爱迪生’被你枪毙了。”这个母亲不解其意，老师给她分析说：“孩子的这种行为是创造力的一种表现，你不该打孩子，要解放孩子的双手，让他从小就有动手的机会。”

“那我现在该怎么办?”这位母亲听了老师的话，对自己的行为后悔不迭。

“补救的方法是有的。”老师接着说：“你可以和孩子一起把金表送到钟表铺，让孩子站在一旁看修表匠如何修理。这样，钟表铺就成了课堂，修表匠就成了先生，你的孩子就成了学生，修表费就成了学费，你孩子的好奇心可以得到满足。说不定，他还可以学会修理呢!”

这个故事中的那位老师就是我国著名的教育家陶行知先生。

“看到自己与看到学生。”当老师透过明净窗子，看到的是一个个可爱的孩子；当老师对着镜子，看到只是自己。老师只看到自己的原因是镜子多了一层薄薄的白银。在我们的现实生活中，这层白银是什么呢?是利益，是金钱，是名誉，是面子，也有虚荣心，等等，这一些就像一层层白银，隔着它，肯定看不到我们的孩子，看到的只有自己。

陶行知先生，在创办南京晓庄学校的初期，曾作过一条规定，即全校师生员工一律不准喝酒，违者要进自省室里反省。

一次，晓庄的农友请陶校长吃饭，农友们敬他一杯酒，陶行知一再解释说不能喝，农友们却坚持道："您不喝就是瞧不起我们农民，瞧不起我们就不算我们的朋友。"

陶行知没办法，只好把酒喝掉了。农民们非常高兴，把陶校长引为自己的朋友。他们哪里知道，陶行知一返回学校，便立即进自省室里了。

1941 年，在极端困难和不断遇到迫害的严重情况下，陶行知更表现出革命英雄主义精神。在反共的阴霾笼罩下，物价暴涨不停，育才学校开支发生了极大困难，常有断炊之忧。他以至于发出了"我不得不和米价赛跑"的感慨。国民党政府教育部长陈立夫乘机向他提出，如同意他们派训育主任，即可拨给全部经费，但遭到陶行知断然拒绝。在经济最困难的时刻，陶行知不得不忍痛宣布，全校节衣缩食，每天改吃两餐。他甚至提出要像武训那样用"行乞兴学"的精神来度过难关。1944 年 9 月 25 日，陶行知在为画家沈淑羊画的《武训画像》题词时，深情地写道："为了苦孩，甘为骆驼；于人有益，牛马也做。"

陶行知自己节衣缩食，把收到的钱都拿去培养儿童。他常穿着破旧的衣服奔走于富贵大人和太太之门，他从英国回来之时曾买了一件晴雨夹大衣，穿久了，又脏又破，他便把它翻过来穿。一次去找一位阔大人，通报的人说："先生，对不起，我们老爷向来不接待这样装束的人，请你回去吧。"陶行知不慌不忙，掏出一张名片来递给他，那人只好恭顺地送进去了。

在晓庄师范学校，陶行知和大家一起穿草鞋、挑粪、种田、种菜、养鱼，他请唐家洼一位出色的庄稼人唐老头教大家耕种的方法，他自己也做了唐老头的学生。他说，三百六十行，行行出状元，行行都有我们的老师。那时候，大家都是自己扫地、抹桌、烧饭……所有生活上的事不用听差、伙夫，陶行知也亲自参与其事。

徐特立教化学生

教育技巧的全部奥秘也就在于如何爱护儿童。

——苏霍姆林斯基

1924年，中国著名教育家、毛泽东的老师徐特立任长沙女子师范学校校长不久，就在办公室的前廊上挂出一块黑板，上面既不贴公文告示，也不写校内简讯。每天一清晨，徐老就要在黑板上题诗一首，对学生们进行思想教育。下面这首诗便是这一情形的生动写照：早起亲书语数行，格言科学及词章。为便诸生一浏览，移来黑板挂前廊。

徐老常说："教育学生不应该用强制手段，更不应该有粗暴的态度。中国古代温柔敦厚的诗教，今天学校教育中还是用得着的。"从此，黑板题诗，成了他每天必不可少的日常工作和对学生进行品德教育的重要手段。

徐特立对学生体贴入微、关怀备至，学校师生曾送他"外婆"的尊称。每晚九点，响了熄灯铃后，他总要手提马灯，和女训育员轻步巡视学生寝室。当他发现有的学生熄灯后还唧唧喳喳地聊天时，第二天就在黑板上写道：脚尖踏地缓缓行，深恐眠人受我惊。为何同学不相惜，不出嘻声即足声？

还有一次，徐老发现高年级学生单秀霞，约了另一位同学，在熄灯后偷偷跑到厕所旁的路灯下，为她的未婚夫织毛衣，还边织边悄声交谈。他理解她们的一片痴情，甚为怜爱，唯恐惊吓了这两位女学生，只是在门外细声细气地叫道："这么晚了，也该睡了吧！"两位女学生一听，相互吐了吐舌头，悄悄回去就寝了。第二天，她们以为校长一定会严厉地批评她们一顿，谁知徐校长并未对她们训斥，只是在黑板上写了两首诗规劝：

昨夜已经三更天，厕所偷光把衣编。爱人要紧我同意，不爱自己我着急。东边奔跑到西边，不仅打衣还聊天。莫说交谈声细细，夜深亦复扰人眠。

单秀霞和她的同学见此诗后，深受感动，主动到校长室，承认他们不遵守学校作息制度的错误。

徐特立生活简朴、办校也力循勤俭方针。他常以晋代陶侃收藏竹头、木屑的故事教育学生爱惜公物。教师授课时用过的粉笔头，他常常拣来放在衣袋中，遇到他代课和写黑板诗时，就拿出来用。他在学校的近两年中，几乎没有用过新粉笔。有的学生笑他吝啬，他在黑板上写诗作答：半截粉笔犹爱惜，公家物件总宜珍。诸生不解余衷曲，反谓余为算细人。

后来，学生练习板书时，也自觉地象徐老那样，拣粉笔头用。

当时女子师范创办不久，社会上有一种论调，说女子智力低下，不如男子。因此，有个别学生经不起外界压力，中途辍学。但徐特立发现十二、十三两个班的学习成绩较好，尤其是数学成绩尤为突出。他抓住这个典型写了一首诗加以勉励：女儿智力何曾弱，十二三班作例观；学算刚刚三载半，几何三角一齐完。

徐特立在长沙女子师范任职不到两年，总共写下百余首黑板诗，集名为《校中百咏》。如：人人共道伯箴强，一跃先登上女墙。倘使女儿皆若辈，立将衰弱转强梁。

这首诗，就是他一次带领学生踏青郊外，见女学生丘伯箴奋勇跃上城墙，大有男子气概，写下的赞美之词，借以鼓励其他女学生注意锻炼身体。当他得知学生因饭菜不合口味，赌气打烂了厨房的一篮碗后，婉转地用诗提出批评：我愿诸生青出蓝，人财物力莫摧残。昨宵到底缘何事，打破厨房碗一篮。他还亲自下到厨房，为改善学生伙食而出谋献策。

徐老常喜欢到玉泉街上的旧书店用极少的钱买回一些有用的书。

一天，他到旧书店，发现有一本化学教科书，封面上盖有学校的图章，猜想是有人从学校中偷出来寄卖的。于是，他把该书买回，在校内展出，并写下这样的诗：社会稀糟人痛恨，学生今日又何如？玉泉街上曾经过，买得偷来化学书。

以此来告诫学生要做一个正直的人。

四块糖的故事

> 你能正确地认识错误，这块糖果值得奖励给你。
>
> ——陶行知

陶行知先生在育才学校当校长时，曾经发生过这样一件事情：

一天，陶行知在校园里看到学生王友用泥巴砸自己班上的男同学，陶行知立即制止了他，并让他放学后到校长室去。

放学后，王友早早地来到校长室门口准备挨训。这时，陶行知走过来了。他一看到王友，就掏出一块糖果递给他，说："这是奖给你的，因为你按时来了，而我却迟到了。"

王友惊愕地接过糖果，目不转睛地看着陶行知。这时，陶行知又掏出一颗糖果递给王友，说："这块糖果也是奖给你的，因为当我不让你再打人的时候，你立即就住手了，这说明你很尊重我，我应该奖励你。"

王友更惊愕了，他不知道校长到底想干什么。

这时，陶行知又掏出一块糖果放到王友的手里说："我已经调查过了，你用泥块砸那些男生，是因为他们不守游戏规则，欺负女生。你砸他们证明你很正直善良，并且有跟坏人作斗争的勇气，应该奖励。"

王友听了非常感动，他失声叫了起来："校长，你打我吧，我砸的不是坏人，而是自己的同学呀！"

陶行知满意地笑了，又掏出一块糖果递给王友，说："你能正确地认识错误，这块糖果值得奖励给你。现在我已经没有糖果了，你也可以回去了。"

陶行知的教育让王友明白了，不管在什么时候，都要换个角度想想问题。可见，父母应该教育孩子经常问自己："要是我处在这种情况下，我会怎么想呢？又会怎么做呢？""我现在应该为他做点什么，他的心里会感觉好受一些呢?”这样，孩子往往会看到问题的另一面，从而产生宽容的品格。

马君武对学生的爱护

同学相处，应如兄弟手足一样，相亲相爱。

——马君武

马君武（1881—1940），中国近代学者、教育家和政治活动家。原名道凝，又名同，改名和，字厚山，号君武，广西桂林人。

提起马君武的名气，当代已被不少人淡忘，可20世纪70年代以前，他享誉全国，号称“北蔡南马”，与蔡元培齐名，都担任过教育总长。他不但是中国第一个留洋的工学博士，精通好几门外语，出版过几十部教科书，更是同盟会章程的起草人。有一年，国民党党组织请他填表，他指着“何时入党”这一栏大发脾气：“知道同盟会吗?知道同盟会章程是谁起草的吗?”不仅如此，他还做过炸弹呢。

1905年，中国开始创办公学。当时，由于日本政府横蛮压制中国留学生的爱国活动，近千人愤然归国，便在上海的近郊吴淞创办了具有革命性的私立大学。创办之初，马君武就是教务长，胡适那时候还是阳光男孩呢，怀揣远大理想来报考，正是马君武慧眼识珠，把他那篇《言志》的作文试卷拿在手上请同志们传看，大家都说中国公学得到了一名好学生。

25年以后，胡适成为大师，当了校长，在国民党政府已经决定要保护个人身体、财产和自由的情况下，还屡屡撰文，认为做得不够，恨不得一天之内全盘西化，被国民党点名批评，还连累到中国公学在教育部立案的问题，便借口要写他的鸿篇巨著，一走了之，请闲居山野的国民党政府元老马君武重出江湖，接任校长。

于是，马君武走马上任了。

1930 年 10 月，就在他继任校长 5 个月后，中国公学出了大乱子。起因很简单：一天夜晚，中国公学大学政治经济系改选学生会，为争夺领导权，国民党学生李雄被邓中邦等人当场扭打，一时间秩序大乱，“打倒国民党”、“共产党万岁”的口号不绝于耳。朗朗乾坤挨了打，试问今日之上海，究竟是谁家之天下？吃了大亏的李雄十分郁闷，在同学严经照的陪伴下，连夜向当地国民党党部举报邓中邦、魏佐翰，林宏亮、张国辉四人为共产党员，引起有关部门的高度重视，当即出动军队来校搜查，邓魏两人被捕，另两人在逃。

按“一党专政”的观点来看，学生会当然应该掌握在国民党手里，殴打国民党当选人更是“罪加一等”。谁执政，谁当选；谁打人，谁受罚，不就把一场风波消灭在萌芽状态之中了？按这样的立场处理问题，才是在政治上和国民党政府保持一致。岂料，马君武闻讯学生被抓后，却认为“以学生竞争学生会选举之故，竟敢诬反对方面或彼等所不快意之人为共产党，欲断送其生命，手段太过残忍”，便出面担保。结果，牢里的板凳还没有坐热，邓中邦和魏佐翰便在第二天就安全回来了。

5 天以后，即 10 月 19 日，马君武召开全校大会，掏出名单，当众宣布：将“害群之马”的李同学和严同学除名！

他在会上训话道：“同学相处，应如兄弟手足一样，相亲相爱，纵有任何纠纷，解决不了，理应向学校报告设法处理，怎可因竞选失败，几个人凭一本党证到驻军谎报，陷害同学？而大学是研究学术场所，神圣不可侵犯的，驻军不应该不经查明，不透过学校当局，深夜来校抓人，如果此风一长，学校的秩序如何维持？学生的安全有何保障？我身为校长有责任维持学校的秩序，保障同学的安全，对挟怨陷害同学的害群之马，不能不予以严厉的制裁！”

马君武不仅不制裁共产党员学生，反而打压国民党政府学生，中国公学俨然成为革命根据地！

10 月底，在中国公学董事会作出马君武辞职、于右任继任的决定后，马君武就是不让位，拥护他的学生屡屡以罢课相助威。

一连两三个月，面对上海市党部、教育部、国民党中央训练部的再三抗议，这位马校长就是不恢复李、严的学籍。

最后，连国民党政府的蒋介石出面都不顶用。学潮期间，马君武去了一趟南京。那时候，蒋介石还兼任教育部长，为了表示对这位国民党政府元勋的敬意，设宴款待。席间，蒋介石要马君武解除罗隆基等进步教授的职务，马君武坚决拒绝，对所谓党义课问题亦不让步，于是愤然返回上海。

马君武对学生的爱护，使得他不愧为中国著名的教育家。

斯霞关爱学生

> 尊重儿童，教学民主。
>
> ——斯霞

斯霞（1910—2004），当代初等教育女专家。曾名碧霄，浙江诸暨人。

1910年12月出生于浙江诸暨，1922年就读于杭州女子师范学校，1927年毕业后，先后在浙江绍兴、嘉兴、萧山、杭州及江苏南京等地小学任教。1932年起在中央大学实验学校小学部（南京师范大学附属小学前身）工作，后分别在绍兴第五中学附小、嘉兴县集贤小学、肖山湘湖师范、南京东区实验小学、中央大学实验小学、南京师院附属小学等学校任职。解放后加入中国共产党。曾任南京市教育局副局长。2004年1月12日因病在南京逝世，享年94岁。

斯霞老师毕生从事小学教育，为教书育人倾尽心血，贡献卓著。上世纪五十年代，她创造出“字不离词、词不离句，句不离文”的小学语文随课文分散识字教学法，大面积、高效率地提高了识字教学的质量。她教导的学生在两年内就认识了2000多个汉字，读了174篇课文，在当时国内小学教育界首屈一指。六十年代，经专家学者总结、论证，斯霞的“以语文教学为中心，把识字、阅读、写话三者结合起来”的小学语文教学法，在全国产生广泛影响。新华社1963年播发的通讯《斯霞和孩子》向国内外传扬了她的感人事迹。文化大革命结束后，回到教学岗位的斯霞全身心地投入教育教学研究工作，精心培育青年教师。她主张通过生动活泼的授课，提高教学效果，来增加教学内容和识字量，反对延长教学时间，主张教师必须要有丰富的知识，尽可能的去满足学生多方面需要，帮助他们打开知识闸门，点燃智慧火花。退休后，她仍一如既往地每天到学校做力所能及的工作，学校、学生已成为她生命中不可缺少的部分。

斯霞不只是一个教书匠，在她的身上始终蕴藏着慈母般的温情，流淌着爱的暖流。她的床上学生们睡过，她的衣服学生们穿过。每一个学生的思想品德、温饱冷暖，无不牵挂在她的心上。

1962 年深秋的一天，突然刮起了西北风，气温急剧下降，一些家长为孩子送来了衣服，可还有很多双职工子女仍然穿着单薄。下课后，斯霞回到自己家里，翻箱倒柜，把所有能穿的都拿了出来。大大小小的各种衣服虽然学生们穿得不很合身，但却温暖了一颗颗幼小的心灵。第二天，一个姓吴的女学生拿着斯霞平时穿的红毛衣还给老师，说了声“谢谢”就离去了。斯霞打开毛衣一看，里边还包着一个鲜红的苹果。

南师附小的校门口原先比较低洼。每到下雨天，校门口便成了一个大水塘。这对于七八岁的小学生来说，是一个不小的障碍。上学时，斯霞早早地站在校门口，把他们一个个背过来；放学了，又把他们一个个背过去，直看着他们安全地离去。

那是 1963 年的晨会课，斯霞发现有个学生趴在桌上。她走到那个学生身旁，摸了摸他的额头，头上都是冷汗。斯霞轻声地问他是怎么回事，学生说他们家搬家了，刚才上学急呼呼地走了半个小时，现在感到浑身很累。斯霞让他安静地伏一会儿。下午放学后又亲自到这个学生家里去，他的新家离学校确实很远。斯霞向学生的父母说：“如果你们放心，就让孩子住在我的宿舍里，行吗？”怎么不行呢，学生的母亲激动地握着斯霞的手，连连表示感谢。就这样，这个学生在斯霞的房间里住了几个月，直到毕业后才搬回家去。

斯霞撒下了爱的种子，学生们也都把她看成知心的母亲一样，爱戴她，尊敬她，有话愿意向她说，有事愿意找她讲。毕业离校了，学生们还保持着和她的联系。斯霞丈夫逝世后，家务的重担都落在斯霞一人肩上，但斯霞无怨无诲，默默地承受一切。她挺起腰杆，坚定地走在教改的道路上，她在日记写道：“当我在党的教育下，逐步树立了一切为着孩子的成长，一切为着祖国的未来这样的信念时，我千方百计地去钻研我的工作，如饥似渴地去补充我的知识，再苦、再累也心甘情愿，有了这个信念，个人的安逸、家庭的幸福，如有必要，我都能牺牲；有了这个信念，什么样的屈辱我都能忍受，什么样的磨难我都不怕；有了这个信念，所有那些瞧不起‘孩子王’、瞧不起小学教师的世俗观念，都不能使我动摇，我都可以象抹去一缕蛛丝一般地把它丢在一边……有了对所从事的工作的执着的热爱，再平凡的岗位也可以做出不平凡的贡献。”

马卡连柯关爱学生

> 没有父母的爱培养出来的人，往往是有缺陷的人。
>
> ——马卡连柯

马卡连柯（1888—1939），苏联教育家、作家。1905 年起担任小学教师和校长，在 15 年的教育实践中，积累了丰富的经验，奠定了他的教育思想的基础。1920 年后先后主持高尔基工学团和捷尔任斯基儿童劳动公社，从事对流浪儿童和少年违法者的教育改造工作。

马卡连柯的名字与“高尔基工学团”、“捷尔任斯基公社”紧密相连。他在这两所特殊学校 15 年的教育实践中，造就了 3000 多名名副其实的技工、红军干部、学者和专家，其中不少人后来成了国家勋章获得者、先进工作者和卫国战争英雄。他形成了自己具有特色的教育思想体系，得到了社会的公认和好评。然而，人们不会忘记马卡连柯创办工学团所受的艰难。

那是高尔基工学团创办不久的一天，马卡连柯到监狱去领卡拉巴林，当马卡连柯和监狱长一起替卡拉巴林办理出狱手续时，马卡连柯亲切地要他暂时离开办公室。当时，卡拉巴林对此并不理解。过了十年后，当卡拉巴林已经是一名人民教师时，马卡连柯才告诉他说："我当时所以叫你走出监狱长的办公室，是为了使你看不见担保你出去的条子。因为这个手续，可能会侮辱你的人格。"卡拉巴林说："马卡连柯注意到我的人格，可是那时，我自己还不知道什么是人格。这是他对我的第一次温暖的、人道的接触。"当他俩从监狱去省人民教育厅的路上，卡拉巴林总是走在马卡连柯的前面，以表示自己不打算逃跑，而马卡连柯总是和他并肩而行，同时跟他谈话，使他高兴。所谈的都是关于工学团的事，只字不提监狱的情况和有关他过去的事。

有一次，卡拉巴林这样询问马卡连柯；"请您直爽地告诉我，您相信我吗?"马卡连柯诚恳地回答说："过去的事不必提了"，"相信""我知道你这个人是跟我一样的诚实"。马卡连柯还见诸行动，曾接连两次把带枪取巨款的重任委托给卡拉巴林去办理，这使这位学员深受感动。他走出马卡连柯办公室，情不自禁地高唱起来：

高山背后，
飞出一群老鹰，
它们边飞边叫，
寻找着美好的生活。

是的，这清脆悦耳的歌声告诉人们，马卡连柯以尊重与信任的良药，医治好了卡拉巴林那受伤的翅膀，使他懂得了人的尊严，认识了人的价值，从而信心满怀地飞翔在祖国的长空。后来，这位卡拉巴林终于成了自己老师马卡连柯的可靠继承者和得力助手。

卡拉巴林的变化历程，说明了尊重和信任在教育中的力量。马卡连柯正是运用这一力量，激起了少年违法者和流浪儿童的自尊感，把他们从自暴、自弃、自卑、失望和堕落的深渊中解救出来；使他们燃起对生活的热爱、对前途追求的火光。

一次，有一个男孩子侮辱了一个女孩子。马卡连柯知道这件事以后，不是立即找他来谈话，而是给他写个字条："叶夫斯基格尼耶夫同志，请你今天晚上十一点钟来。"装在信封里交通讯员送去。

通讯员知道全部底细，只是不表示出来。他拿着字条走到食堂里，找见叶夫斯基格尼耶夫说："你的信。""什么事？""马卡连柯老师找你。""为什么？""我就给你说。还记得吧？你昨天侮辱了哪一个？"

上午十点三十分钟的时候，通讯员又来找叶夫斯基格尼耶夫：

"你准备好了？""准备好了？"

"他在等待着你。"

这时候，叶夫斯基格尼耶夫忍耐不住了。等不到晚上十一点，下午三点就来找马卡连柯了。

"马卡连柯老师，你找我吗？"

"不是，不是现在，是晚上十一点。"在马卡连柯看来，有关事后的谈话需要在晚上较晚的时间进行，以便谈话不会被中断。

这个学员回到分队里去了，在场的人都问："怎么啦？受惩罚了？"

"受惩罚了。"

"为了什么？"

于是，当大家知道这位学员的错误后，都严厉地申斥起叶夫斯基格尼耶夫了。到了晚上十一点钟的时候，他又到马卡连柯这里来了，因为白天一天里所经过的刺激，他有点不安，脸色苍白，心情焦急。马卡连柯一看他的情景就知道是怎么回事了，所以问他：

"你明白了吗？"

"明白了。"

"去吧！"

仅此二字，再不需要多说任何的话了。

采用这种方式，是马卡连柯多种教育方法中的一种。在他看来，光靠谈话，获得的帮助将是很少的。当看到谈话没有必要的时候……就任何的话也不再说了。这种寓说服于无言之中的教育方法，起到了触动学生思想的作用，使学生心服口服，达到了教育的目的，似乎更好地体现了教师对犯错误学生教育时的尊重。

马卡连柯有一个著名的教育方法就是"平行影响"。它的实质，在于要求教师通过集体来影响人，要求经常从个人转向集体或从集体转向个人。

这种方法有一个优点，就是教师在教育学生时，不要使学生总感觉自己是被教育的对象，而导致厌恶之感，甚至使师生之间的正常关系发生疏远和破坏；而应让学员体验自己是教育的主体，以便提高他们的自尊心和自信心。这里仅举马卡连柯采用这种方法教育学生的两个实例。

学生瓦夏因为醉心于玩足球，以致忽视了家庭作业，结果只得了两分。马卡连柯不是找瓦夏本人谈，而是利用一次很好的机会找来了他的好朋友舒拉谈起班上的一些事情，随后很自然地谈到了瓦夏。

他带着非常沉痛的心情和声调对舒拉说："按瓦夏的能力来讲，他可以成为班上的优秀生，但是他沉迷于玩足球，结果什么都弄坏了。"接着又感叹地说："难道你的朋友的意志就是这样薄弱，不能克制自己？不，决不会，我相信瓦夏是能够抑制住自己的。"随后马卡连柯又谈到其他的问题上去了。

谈话之后，舒拉立即跑到瓦夏那里去，转告老师谈话的内容，并用教师的姿势和声调使谈话更为有力。

从这一天起，瓦夏已能坐下来做功课，在没有准备好课以前，他一直没有离开座位。

在马卡连柯看来，正确地运用这一方法，不但要区分教师与被教育学生直接发生教育关系的"成对影响"的不同，而且要克服一成不变、死板地运用这一方法。掌握教育技巧，灵活施用特别重要。

有一天，社员彼特连柯上班迟到了。马卡连柯得知了这件事情的报告后，不是和某些采取"成对影响"方法的教师一样，把彼特连柯立刻找来，申斥一顿或给以适当的惩罚；而是采取"平行教育影响"这一通过集体以影响个人的方法。他把彼特连柯所属分队的队长叫了来，对队长说："你的队里有人上工迟到。""是的，彼特连柯迟到了。"队长答。"以后不要再有这样的情形。""是，以后不会有了。"

可是彼特连柯第二次又迟到了，马卡连柯仍然不把他本人找来，而是把全分队集合起来，并责备他们说："你们分队里的彼特连柯第二次迟到了。"

马卡连柯责备了全分队，分队集体答应保证以后不会再有这样的情形。

散会后，分队立刻教育彼特连柯，并对他说：“你上工迟到，这就等于说我们全分队都迟到了。”该分队以后就把彼特连柯当作分队的一个成员，当作整个集体的一分子而向他提出了许多严格的要求，而彼特连柯也就在集体的影响下，克服了迟到的现象。

从上两例中看出，应用“平行教育影响”，需要教师深刻地了解学生，需要教师的机智。同时，也需要教师掌握一定的教育技巧，善于在不同的条件下去应用它，如果机械地运用这一方法，要想收到良好的教育效果是不可能的。

约翰·洛克爱护孩子的经验

家长要做孩子的榜样和示范。

——约翰·洛克

约翰·洛克（1632—1704）是17世纪英国著名的政治思想家、哲学家和教育思想家，其教育著作有《教育漫话》。

洛克主张要把年青人培养成有强健身体、有一定知识、有才干、具有优雅态度并善于处理各种事务的绅士。这种教育要从德、智、体三方面着手，在家庭中聘教师进行。

洛克非常重视健康教育，提出“健康的精神寓于健康的身体”，“我们要能工作，要有幸福，必须先有健康。为此他提出一套保持健康的建议。如他认为儿童从小时候开始，就应多进行户外活动，呼吸新鲜空气，多运动，多睡眠，少吃药，衣服不能过暖或过紧；他主张饮食要清淡，认为儿童最好的食物是牛奶、粥、面包、蔬菜和水果。儿童的卧床要坚硬以锻炼身体，这样可以把孩子培养成强壮、勇敢又坚定的人。

洛克在品德教育方面也有明确的思想。他认为道德教育是绅士教育的灵魂，拥有理想的德行，可以使个人获得幸福，也有助于他的事业成功。

洛克提出，一个绅士必须具备理智、礼仪、智慧和勇敢这四方面的道德品质。

培养理智，就是要能够运用理智去驾御和支配自己，克制自己的欲望，顺从理性的指导。

礼仪的培养指的是要让儿童学习礼貌、礼节和风度，懂得人情世故，会接人待物，要文质彬彬，高雅友善。

智慧的培养指的是一种本领的培养，它使人能干而有远见，善于处理具体事务，要把孩子培养成公正和聪慧的人。

勇敢的培养。洛克认为勇敢和坚忍是绅士必备的美德，是一个真正有价值的人的品性，为此需要从小锻炼孩子的胆量，使之能忍受痛苦，克服怯懦、脆弱的本性，能够做到刚毅、果断、勇敢。

洛克主张对儿童实施德育时，家长要做榜样和示范；要充分练习好的行为，使之成为习惯；要和儿童讲道理，还应该给儿童奖励，这包括尊重、称誉和赞扬，但洛克反对体罚。他认为惩罚应尽量避免，但必要的责备、斥责也可保留，但不可挫伤儿童的自尊心。

在智育方面，洛克强调培养有学问的人。他要求绅士一方面通过多方面的学习研究获得知识，增长学问，发展智力；另一方面，还要通过各种技能技巧的课业去获得技能技巧。要让儿童学习阅读、书写、图画、速记、外语、作文、神学、地理、算术、天文、几何、历史、伦理学、法律、逻辑、修辞、自然哲学等。技能技巧有舞蹈、音乐、击剑、骑马、画图、园艺、细木工、熏香、油饰、雕刻、铁铜银工、刻板、琢磨、安配宝石或琢磨光学玻璃、商业计算、出国旅行等。关于智育的方法，洛克认为关键要使孩子喜欢知识、尊重知识，在于使学生采用正当的方法去求知，去改进自己，提高求知的欲望。